문학과지성 시인선 312

꽃의 고요

황동규 시집

문학과지성사

문학과지성사에서 펴낸 황동규의 시집

나는 바퀴를 보면 굴리고 싶어진다(1978, 개정판 1994)
악어를 조심하라고?(1986, 개정판 1995)
몰운대행(1991, 개정판 1994)
미시령 큰바람(1993)
풍장(양장본, 1995)
외계인(1997)
버클리풍의 사랑 노래(2000)
우연에 기댈 때도 있었다(2003)
사는 기쁨(2013)
겨울밤 0시 5분(2015, 시인선 R)
연옥의 봄(2016)
오늘 하루만이라도(2020)

문학과지성 시인선 312
꽃의 고요

초판 1쇄 발행 2006년 2월 10일
초판 10쇄 발행 2023년 10월 25일

지 은 이 황동규
펴 낸 이 이광호
주   간 이근혜
편   집 최지인 이민희 조은혜 박선우 방원경
펴 낸 곳 ㈜문학과지성사
등록번호 제1993-000098호
주   소 04034 서울 마포구 잔다리로7길 18(서교동 377-20)
전   화 02)338-7224
팩   스 02)323-4180(편집) 02)338-7221(영업)
전자우편 moonji@moonji.com
홈페이지 www.moonji.com

ⓒ 황동규, 2006. Printed in Seoul, Korea

ISBN 978-89-320-1671-2 03810

이 책의 판권은 지은이와 ㈜문학과지성사에 있습니다.
양측의 서면 동의 없는 무단 전재 및 복제를 금합니다.

문학과지성 시인선 312
꽃의 고요

황동규

2006

시인의 말

  의미는 왔다가 간다.
  이번 시집을 만든 지난 3년여는 『유마경』을 읽고가 아니라, 읽을 수 있는 마음의 상태를 엮은 기간이었다. 자아를 긍정해서 자아를 긍정하는 타인을 만나는 선(禪), 타인을 긍정해서 자아를 비우는 『유마경』, 이 속사정은 내가 때늦게 유마를 만났기 때문에 체득하게 된 것이다. '때늦게'가 아니었다면 저 무한 반복의 『유마경』 속에서 어떻게 살아남을 수 있었을 것인가?
  이제 '유마의 병상(病床)'을 떠난다. 혹시 다음 시집은 예컨대 지금 읽다 던지고 읽다 던지곤 하는 들뢰즈를 제대로 읽도록 하는 마음의 상태를 만드는 것이 되지나 않을지.

2006년 1월
황동규

꽃의 고요

차례

시인의 말

제1부
참을 수 없을 만큼   9
절하고 싶었다   10
영포(零浦), 그 다음은?   11
이런 풍경   12
향(香)   14
철골은, 관음은?   16
연필화(鉛筆畵)   17
겨울, 서귀포 '소라의 성'에서   18
서귀(西歸)를 뜨며   20
슈베르트를 깨뜨리다   22
쓸쓸하고 더딘 저녁   24
밤술   26
홀로움   27
2003년 봄 편지   28
먼지 칸타타   30
화성시 남쪽 가을 바다   32
사라지는 마을   33
삼척 추암(湫岩) 노인들   35
만항재   36

허공의 불타 37
겨울비 38
천사와 새 39
연어 꿈 40
사방의 굴레 42
가을 아침 44
실어증은 침묵의 한 극치이니 45
비인(庇仁) 5층 탑 46
그날, 정림사지 5층 석탑 48
누구였더라? 49
바다 앞의 발 50

제2부
시간 속에 시간이 비친다 55
꽃의 고요 56
고통일까 환희일까? 57
인간의 빛 58
미운 오리 새끼 59
십자가 60
벼랑에서 62
요한 계시록 63
지옥의 불길 64
흔들리는 별 65
보통 법신(普通法身) 66

제3부
늦겨울 비탈 71

겨울 저녁, 서산에서　72
여수 구항(舊港)에서　74
죽로차　75
허물　77
정선 화암에서　78
다시 몰운대에서　80
다대포 앞바다 해거름　81
그 돌　82
마지막 가난　84
당진 장고항 앞바다　85
더딘 슬픔　86
부활　87
막비　88
외로움/홀로움　90
호프 '통 속으로'　92
안개 속으로　94
이스탄불 그랜드 바자르에서　96
훼방둥이!　102
카잔차키스의 무덤에서　104
그럼 어때!　106
마지막 지평선　108
비문(飛蚊)　110
시여 터져라　112
봄비　113
손 털기 전　114
델퍼 신탁(神託)　116

해설 | 황홀하고 서늘한 삶의 춤 · 이숭원　119

제1부

참을 수 없을 만큼

사진은 계속 웃고 있더구나, 이 드러낸 채.
그동안 지탱해준 내장 더 애먹이지 말고
예순 몇 해 같이 살아준 몸의 진 더 빼지 말고
슬쩍 내뺐구나! 생각을 이 한 곳으로 몰며
아들 또래들이 정신없이 고스톱 치며 살아 있는 방을 건너
빈소를 나왔다.
이팝나무가 문등(門燈)을 뒤로하고 앞을 막았다
온 가지에 참을 수 없을 만큼
참을 수 없을 만큼 하얀 밥풀을 가득 달고.
'이것 더 먹고 가라!'
이거였니,
감각들이 온몸에서 썰물처럼 빠질 때
네 마지막으로 느끼고 본 게, 참을 수 없을 만큼?
동체(胴體) 부듯 욕정이 치밀었다.

나무 앞에서 멈칫하는 사이
너는 환한 어둑발 속으로 뛰어들었다.

절하고 싶었다

　십오 년 전인가 꿈이 채 어슬어슬해지기 전
　바다에서 업혀온 돌
　속에 숨어 산 두 사람의 긴 긴 껴안음,
　얼마 전 거실에서 컴퓨터 책상으로 옮길 때 비로소 들킨
　마주 댄 살들이 서로 엉겨 붙은
　껴안음보다 더 화끈한 껴안음,
　그만 절하고 싶었다.
　색연필 찾아들고 그 모습 뜨려다
　그 화끈함 어떻게 되돌려주지, 생각해본다.
　그게 완도 어느 바다였지?
　돌 속 바탕 알아보고 업어가라 속삭인 그 물결
　지금은 어느 바다에서 철썩이고 있는지.
　바다 가득 넘실대던 는개 환한 실비로 바뀔 때
　혹 격렬비도(格列飛島)쯤에 흘러와
　남몰래 오체투지를?

영포(零浦), 그 다음은?

자꾸 좁아든다
만리포 천리포 백리포 십리포
다음은 그대 한발 앞서 간 영포.
차츰 살림 줄이는 솔밭들을 거치니
해송 줄기들이 성겨지고
바다가 몸째 드러난다.
이젠 누가 일러주지 않아도 알 것 같다
영포 다음은 마이너스 포(浦).
서녘 하늘에 해 문득 진해지고
해송들 사이로 바다가 두근거릴 때
밀물 드는 개펄에 나가 낯선 게들과 놀며
우리 처음 만나기 전 그대를 만나리.

이런 풍경

떡버들 여기저기 아무렇게나 꽂혀 있는 연못가
수양(垂楊)도 두어 그루 섞여 있다.
늦여름, 모두 반쯤 말라
수면에는 구석에 수련 이파리 몇 모여 있고
나머지에는 개구리밥이 그득하다.
건너편 둔덕엔 미루나무 다섯 그루
하늘을 향해 촛대처럼 꼿꼿하게 서 있다.
눈앞 떡버들에서 때 이른 낙엽 한 장 날아올라
팔랑나비가 되어 연못을 건넌다.
그가 떠난 나무 둥치에 붙어 있는 두꺼비
등이 무엇엔가 찢겨 있다.
되게 편치 않겠다.
나무들이 길게 흔들리고
두꺼비의 눈 한없이 고요해지고
채 삼키지 못한 아픔처럼 공기가 환하게 달아오른다.
어디서부터 이런 풍경이 따라붙었지?
혹시 지운다면 지워질지도 모르지만,

나는 눈높이 지구가 너무 눈부셔 더듬거린다.
떡버들 여기저기 아무렇게나 꽂혀 있는....

향(香)

비 긋자 아이들이 공 차며 싱그럽게 자라는
원구 초등교 자리, 가톨릭 대구 교구 영해 수련장
현관 앞에 서 있는 향나무
선들바람 속에 짙은 초록으로 불타고 있다.
나무들 가운데 불의 형상으로 살고 있는 게 바로 향나무지,
중얼대며 자세히 살펴보면
몇 년 전 출토된 백제 금동 향로 모습이 타고 있다.
선들바람 속에 타고 있다.
혹시 금동장(金銅匠)이 새로 앉힐 향로의 틀을 찾다
향의 속내를 더듬다
저도 몰래 향나무 속으로 들어간 것은 아닐까?
아이들이 금 밖으로 흘리는 공을 되차주기도 하며
운동장을 몇 바퀴 돌고 나무 앞에 선다.
아이 둘이 부딪쳐 나뒹굴어졌다 툭툭 털며 일어난다.
이 살아 불타고 있는 향로 앞에서

이 세상에 태울 향 아닌 게 무엇이 있나?
속으로 가만히 물어본다.

철골은, 관음은?

태어나기 전 이미 향 빼돌린 양란은
늦여름부터 겨울까지 베란다 한가운데서
환한 얼굴 달고 웃고 있는데
속에 향 품은 난들은, 철골은, 관음은,
향 자아내다 말고 왜 서둘러 시드는가?
향기는 가늘어도 진액처럼
몸을 뒤틀며 나오는가,
어느샌가
가슴을 온통 쥐어짜 못 쓰게 만들고?

연필화(鉛筆畫)

눈이 오려다 말고 무언가 기다리고 있다.
옅은 안개 속에 침엽수들이 침묵하고 있다.
저수지 돌며 연필 흔적처럼 흐릿해지는 길
입구에서 바위들이 길을 비켜주고 있다.

뵈지는 않지만 길 속에 그대 체온 남아 있다.
공기가 숨을 들이쉬고 내쉬며
무언가 날릴 준비를 하고 있다.
눈송이와 부딪쳐도 그대 상처입으리.

겨울, 서귀포 '소라의 성'에서

건축가 김중업의 한때 소망은
'마음 놓고 울 수 있는 방 하나 있었으면!'
허름한 콘크리트 재료로
서귀포에 이 '소라의 성'을 쌓을 때쯤?
나중에 번듯한 방 가지게 된 그는 무슨 생각을 했을까?

미니 성 앞은 바로 바다,
성 쌓던 김중업보다 스무 해는 더 노회(老獪)한 몸으로 성벽에 나가
바다에 땅거미 자욱이 깔리는 것을 바라보노니
깃발 여럿 단 배 한 척 자리 뜨고 낮은 물결마저 잠들기 시작한다.
바람도 멎어 있다.
어느 날 모든 게 깔리고 자리 뜨고 잠들고 멎고 할 때,
주위를 둘러보며 그는 되뇌지 않았을까,
'헌데 마음 놓고 울 마음은

도대체 어디 있지?'

하늘 한구석에 새겨진
가물가물 실 달.

서귀(西歸)를 뜨며

  실비 속에 두루마리 수천 개 풀려 굴러오듯 밀려오는 저 물결
  벼랑 넘어와 흩어지며 일렁이는 저 소리.
  벼랑 끝에 한 줄로 매달려 턱걸이하고 있는 섬쥐똥나무들
  멋지게 휘는 해안도로에 뛰어들진 못하고
  얼굴만 내밀고 있다.
  채 정돈 안 된 도시, 그래 더 정다운 서귀포 떠나
  태평양 끼고 남원 가는 길,
  물결 소리 마음대로 들락거리게 창 열고 천천히 달리며
  길 금세 끝나지 않기를 빌며
  후둑이는 빗방울 목덜미에 맞는 마음 어둡지 않다.
  다시 올 때는 차도 유리창도 목덜미도 없이
  물결로 오리.
  태평양 벗어나 지귀도에서
  속 쓰린 물새들과 한뎃잠 한번 자고
  말 목 곡선으로 멋지게 휘는 해안도로에 오르기 전

평생 턱걸이로 매달려 있는 나무 엉덩이들을
한번씩 힘껏 떠밀어주리.
고개 돌려 내려다보는 나무들,
머리를 타고 넘어가랴?
타고 넘긴!
머리들 사이에 머리 하나 더 끼운다.
해안도로에 젖은 사람 하나 가고 있다.
서귀에 왔다 간다.

슈베르트를 깨뜨리다

책꽂이 옥탑에서 책들 앞에 촘촘히 서서 살다가
책 뒤질 때 와르르 방바닥에 내리꽂힌 CD들
아 슈베르트 얼굴이나 이름이 적힌 판들.
이 한세상 살며 그래도 마음에 새길 것은
슈베르트, 고흐와 함께 보낸 시간에
새겨진 무늬들이라 생각하며 여태 견뎌왔는데.
껍질만 깨지지 않고 혹 속까지 상한 놈은 없는가
며칠 동안 깨진 사연을 하나씩 들어본다.
아니, 사연마저 깨진 맑음이다.
이틀 만에 듣는 폴리니가 두드리는 마지막 소나타는
맑음이 소리의 물결을 군데군데 지워
몇 번이나 건너뛰며 간신히 흘러간다.
뛸 때마다 마음도 건너뛰려다 간신히 멈춘다.
슈베르트여, 몸 뒤척이지 말라.
가만히 둘러보면 인간은 기실
간신히 깨지지 않고 존재하는 어떤 것이다.
시방 같은 봄 저녁
황혼이 어둠에 막 몸 내주기 전 어느 일순(一瞬)

홀린 듯 물기 맺힌 눈 아니고는 제대로 쳐다볼 수 없는

어떤 것이다.

쓸쓸하고 더딘 저녁

이제 컴퓨터 쓰레기통 비우듯
추억통 비울 때가 되었지만,
추억 어느 길목에서고
나보다 더 아끼는 사람 만나면 퍼뜩 정신 들곤 하던
슈베르트나 고흐, 그들의 젊은 이마를
죽음의 탈 쓴 사자(使者)가 와서 어루만질 때
(저 뻐개진 입 가득 붉은 웃음)
그들은 왜 비명을 지르지 않았을까?
밀밭이 타오르고
밀밭 한가운데로 달려오는 마차가 타오르고
사람들의 성대(聲帶)가 타오를 때
그들은 왜 신음 소리에 몸을 내주거나
가슴에 피스톨 과녁을 그렸을까?
'왜 그대들은 이 세상에서 재빨리 빠져나가고 싶어 했는가?
 시장 인심이 사납던가,
 악보나 캔버스가 너무 비좁던가?
 아니면 쓸쓸하고 더딘 지척 빗소리가

먼 땅 끝 비처럼 들리는 저녁이 생각보다 일찍 찾아
왔던가?'

밤술
― 하응백에게

겨울비 추적대는 낙원동 저녁 시간을 녹이며
그대와 마시다 남겨온 술
책장 밑 여닫이 속에 갇혀
혼자 몇 달 숨죽이고 살다가
오늘 친구 빈소에 다녀와
옛 사진 뒤질 때 몸 드러내니
뇌세포들이 벌써 알고 수신호(手信號)를 보내는구나.
슬픔이란 대체로 간섭 현미경으로 본
금속 표면 같은 것,
무늬 각기 다르지만 손으로 쓸어보면
다 비슷하게 매정하고 매끈하다.
물속에 들 때 허리 구부리고 굴절하는 빛처럼
허리 숙이고 슬픔 속에 들어간다.
성좌들이 껐던 별들을 하나씩 다시 켜고
여기저기서 밤새들이 웃는다.
지평선에 도달했다.

홀로움

시작이 있을 뿐 끝이 따로 없는 것을
꿈이라 불렀던가?

작은 강물
언제 바다에 닿았는지
저녁 안개 걷히고 그냥 빈 뻘
물새들의 형체 보이지 않고
소리만 들리는,
끝이 따로 없는.

누군가 조용히
풍경 속으로 들어온다.
하늘가에 별이 하나 돋는다.
별이 말하기 시작했다.

2003년 봄 편지
―퇴직 전 마지막 봄, 김수명 선생에게

오늘이 오늘 같지가 않습니다.
진달래는 마음먹고 눈 주기 전에 사라지고
라일락 향도 열어논 연구실 밑을 그냥 스쳐가고
신록도 안구(眼球) 몇 뼘 앞에서 맴돕니다.
연못가에 영산홍이 가화(假花)처럼 낯설게 피어 있군요.
이번 주말엔
얼마 전 항구 일 치웠다는, 이십 년 전에 들어가본
서해안의 조그만 포구에 가겠습니다.
배들이 사라졌더라도 배 매던 자리는 남아 있겠지요.
바다가 숨을 죽일 때
콘크리트 4발이들을 얽어 만든 엉성한 방파제 앞 술집에서
주꾸미 안주로 소주를 마시다 나와
밀물이 밀어오는 걸 보겠습니다.
조개, 게, 물새 들이 뻘 위에 새겨논 온갖 형상들이
물 맞고 풀어지는 것을 보겠습니다.

사라지기 직전까지만 보겠습니다.

나머지는

평생을 허리 구부리고 보낸 할미꽃 막판에 꼿꼿이 서듯

느낌도 흐느낌도 없이 표표히 서서 망각하겠습니다.

먼지 칸타타

세월이 가면 모든 게 먼지 탄다고 생각했으나
책도 가구도 벽에 기대논 표구한 사진도
먼지 탄다고 생각했으나
지난 25년간 뒹군 연구실 비우려 보름 동안
벽 가득 메운, 겹으로 메운, 때로는 세 겹으로 쌓은
책들을 버리고 털고 묶으며
시시때때로 화장실에 가 물 틀어놓고
먼지 진득한 두 손 비비다 보면
먼지는 과거 어느 한 편이 아니라
전방위, 그래 미래로부터도 오는 것 같다.
하긴 몇 년 후에 온다는 혜성의 꼬리에도 먼지가 있고
앞날 먼지 미리 켜켜이 보이는 사람도 있는데.
먼지와 반복을 나르며
3층 화장실 창밖으로 훔쳐본 여름 하늘,
어느 틈에 검은 구름 하늘을 덮고
이리 쏠리고 저리 쏠리는 빗줄기에
플라타너스 잎들 제정신이 아니다.
일순, 캄캄한 하늘에 칼집을 내며 번개가 치고

화장실 거울에 띄운다 먼지로 빚은 테라코타 하나.
그가 빙긋 웃는다.
우르릉!
속이 보이게 빚다 만 인간 하나 여기 있다.

화성시 남쪽 가을 바다

2003년 장마 뒤 달포 내린 비에
눅눅해진 마음 들고 나가 말릴 곳은
화성시 남쪽 바다 가을 햇볕 속이리.
사당동서 시간 반 거리
손등에 닿으면 그대로 바스러지는 빛 알갱이들을
쉬지 않고 쏟아 붓는 하늘 아래
물결도 저 혼자 말없이 일렁이는 곳
갈매기도 신경 쓰지 않고 그냥 떠 있는 곳.
미끼 끼우다 미늘에 찔린 손가락 끝의 쨍한 아픔도
바늘 뺄 때 입 찢겨 얼굴 찡그린 우럭도
서툴게 서툴게 살아남아 있는 곳.
바람에 날린 모자가 황동색 물결 위에서 한참 망설이다
가라앉는 곳.

사라지는 마을

지도를 벗어났군!
차를 두 번이나 후진시켜
정자나무였지 싶은 느티 아래 세우고
풀들이 막고 있는 지도 속으로 들어간다.
초가의 초석들이야 흙이 밖으로 내놓아도 그냥 돌멩이,
도처에 풀밖에 없다.
가사 주저앉은 옛 노래같이 포개져 있는 토기 파편 몇 빼고
마을이 내놓을 것 하나 없다.
내놓을 것 없는 것은 남김의 원 모습,
그 모습에 취해 노래 흥얼거리며
마을 이름마저 훌훌 털어버린다면
살아 있음 한번 저리게 누릴 수 있으리.
저 카맣게 새파란 하늘에 꾸밈없이 쳐진 새카만 가지들,
방금 켜지는 황금 감들, 열 개 스무 개 서른 개, 저 불빛들,

저 금박(金箔) 바람,
저린, 낯선, 눈부신….

삼척 추암(湫岩) 노인들

추암 촛대바위 곁에 서 있는 차돌바위 노인들
몇씩 모여서
들릴까 말까 조용한 말 나누고 있다.
검은 바위 결 속에 흰 결들이
숨죽인 물결처럼 마음결을 내보이고 있다.
'어디 살 만해?'
'아직 개밥바라기가 보여.'
삶이 느껴지기도 안 느껴지기도 하는 노인들,
한사코 자신의 삶 내보이려는
로댕이 부활시킨 칼레의 시민들보다
허허롭다.

만항재*

하늘 한가운데가 깊어져
대낮에도 은하(銀河)가 강물처럼 흐르는
만항재 늦가을
저 밑 침엽수림들이 물속처럼 어두워지는 것을 보며
바람에 손을 씻었다.
은하 가운데 머뭇대던 구름 한 장 씻은 듯 사라지고
열 받은 차가 하나 서 있다.
얼마나 높은 데 길들이면
자신의 신열(身熱) 들키지 않고
삶의 고비들을 넘을 수 있을 것인가?

* 표고 1340미터, 정선군과 태백시 사이에 있는 재. 자동차 도로로는 우리나라에서 가장 높다.

허공의 불타

― 창녕 관룡사 용선대(龍船臺). 2003년 여름 태풍에 길이 무너진 늦가을, 창녕교 김인수 선생들과 함께 암벽 등반하듯이 손발로 절벽에 붙어 기어서 갔다.

바위에 붙어 있는 풀들도 허공이 무언지 알고 있다.
내민 팔들이 질긴 것 같지만
허공 쪽에서 잡으면
팔을 탁탁 끊어버린다.
그렇다, 밖으로 내민 것 끊기지 않고
허공 앞에 설 수는 없을 것이다.
저 아래 새들이 날고
그 밑에 바위 그림자 가라앉을 때
등 뒤에서 태양이 머뭇거릴 때
늦가을 산정(山頂) 바람 예리한 칼끝은
줄곧 옷가슴을 들치며
심장이 여기지, 여기지, 묻는다.
불타와 예수의 앞자리치고 위험치 않은 자리 어디 있으랴?
허공에 나앉은 불타,
몰래 밖으로 내미는 인간의 팔 탁탁 끊어주소!
나무뿌리에 되우 낚아채인 다리 후들거림 멎으며
허공이 텅 빈다.

겨울비

두 번째 닭이 운다.
예수도 불타도 아르튀르 랭보도
사람들이 그냥 세상 사람처럼 사는 걸 못 참아했는데
닭이 그냥 동네 닭처럼 우는 걸
바퀴벌레들이 바퀴벌레처럼 숨는 걸
사람들이 눈꺼풀 벗기며 잠자리에서 일어나
건강식 한 공기 삼키거나
빵 한 조각에 인스턴트커피 마시고 집을 나서는 걸
못 참아했는데.
아파트 밖 겨울 초등학교 짐승 우리에서
못 견디겠다는 듯이
어눌한 어조로 닭이 세 번째 운다.
조금 후엔 사람들이 하나같이
엘리베이터에 몸을 한번 넣었다가 ㄲ집어내어
말없이 건물을 빠져나가리라.
아파트 불빛에 잡히지 않는 겨울비가
 나오는 사람마다 이건 누구지? 하나씩 냄새를 맡고
있다.

천사와 새

천사도 새도 하늘의 존재이다.
성화(聖畵)에서 빛나는 이마에 은별을 달고
때로는 동그란 황금빛 고리 머리 위에 두르고
인간에게 무언가 하라고 하지 말라고
말하고 몸짓하고 위협하는 천사들,
그들이 인간과 다른 것은
무엇보다 날개에 있지 않을까?
그들도 날기 위해 새들처럼 뼈 속을 비웠을까?
목말라 울기도 할까?
옆 새들과 날갯짓 맞추다 어느 순간 날개 헛치고
허공에서 푸드덕거리기도?
천사처럼.

연어 꿈

새 부리 곰 발톱 인간 작살 간발로 피해
하염없이 물줄기 오르는 꿈을 꾸었다.
모래 속에 파고들고 자갈 사이로 재빨리 기고
상처투성이로
폭포 위로 뛰어오르려다 몇 번 떨어지고
숨 고르다 드디어 치고 올라
삶의 처음 시절로 돌아간다면,
청소년 적 갱도(坑道) 막장 같은 짝사랑 새로 하고
십육 년 전 곡성, 차 몰고 논으로 들어가
땡볕 속에 퀭하니 서서 레커차 기다리고
내린 눈 채 녹지 않고 버티는 길에서
두 번이나 넘어지며 회현동 옛집으로 올라가
몸과 마음의 상처 연탄난로에 쪼이며
성에가 그려주는 환한 속삭임 다시 들을 수 있다면,
지금까지 끄적거려온 글 가운데
마음 한가운데 뿌리박고 있는 것 더러 뽑아버리고
숨통 좀 트인다면,
끝장 연어처럼 몸 안팎 사이의 막 터지고

속에 있던 녹색 적색 찬란한 색깔들 밖으로 헤집고 나와
　　삶의 끄트머리 한번 겁나게 달궈주지 않을까?
　　물가에 널브러져 새들에게 속 다 보이고
　　물속의 맹물이 되기 전.

사방의 굴레

　십여 년간 늘 같은 사방을 밀고 다닌 그대
　관절 낡은 차를 카 오디오 힘으로 몰아
　그 어디보다 사방이 한데 모여 있는
　정선 한 마을에 방을 잡았습니다.
　언뜻 졸다 정신 번쩍 들어 예 어디지, 둘러보니
　어둑어둑 바다에 바닷물 가득하듯 사방이 가득했습니다.
　밖으로 나갔지요.
　물구나무선 잎갈이나무들의 치마 벗겨지고
　바람이 울긋불긋 입성 조각들을 이리저리 몰고 다닐 때
　늦가을 해 막 지고 땅이 빛 다 써버리기 직전
　산 능선 위로 빙 둘러 그어놓는 빛, 사그라지기 직전
　큰 빛 고리 같고 겻불 타는 솥 가장자리 같은,
　아 사방의 굴레,
　그걸 벗기 위해 여기까지 달려왔는데! 순간
　빛 고리가 하늘 한가운데 솟았다가 꽂히듯 내려와
　그대 머리 찍으며 조여올 때

외마디 소리치며 두 손으로 화환(火環) 벗어던지는 동작을
　　머리 껍질째 벗어던지는 동작을
　　그대는 두 눈 크게 뜨고 해냈습니다.

가을 아침

　오래 살던 곳에서 떨어져내려
　낮은 곳에 모여 추억 속에 머리 박고 살던 이파리들이
　오늘 아침 은(銀) 옷들을 입고 저처럼 정신없이 빛나는구나.
　말라가는 신경의 참을 수 없는 바스락거림 잠재우고
　이따금 말 더듬는 핏줄도 잠재우고
　시간이 증발한 눈으로 시간 속을 내다보자.
　방금 황국(黃菊)의 성대(聲帶)에서 굴러나오는 목소리,
　저 황금 고리들, 태어나며 곧 사라지는
　저 삶의 입술들!

실어증은 침묵의 한 극치이니

아 이 빈자리!
자주 만나 이야기를 나누던 '누구'가
의자 하나 달랑 남기고 사라지고
오랜만에 만난 사람이
그 '누구'와 무척 가깝지 않았어요? 물을 때
느낌만 철렁 남는 자리.
목구멍에 잠시나마 머물게 할 무엇이 나타나지 않는….
나름대로 무심히 지나칠 수 있는 공터만 있는….

비인(庇仁) 5층 탑

안개 새벽
비인만(灣) 민박집 우윳빛 안창을 여니
정면에서 커다란 배 한 척
안개 속을 헤엄쳐오고 있었다.
있는 대로 귀를 열었다.
배가 축대에 가슴을 쿵!
소리 없이 중년 사내 하나가
생선 상자 다섯 겹 업은 자전거를 끌고
창 밑을 지나갔다.
다시 채워지는 안개를 헤치며
빈 자전거 하나 굴러갔다.

바로 어제 저녁 이십 리 동쪽에서
동네 집들 사이에 그냥 묻혀
마지막 남은 살을 다이어트하고
그도 모자라 층 하나를 빼 던져 4층이 되어
천연스레 살고 있는 5층 탑과 인사를 나눈 후
모든 게 못 견디게 유사-무사(有事-無事)해졌다.

유사-무사,
오늘은 낚싯대 던져두고 방파제에 올라
몇십 년 조율해온 마음의 줄들을 풀어주리.
가만, 몸무게 줄인 돌탑을 돛처럼 실은 배가
거짓말처럼 방파제를 향해 다가올 것이다.
방파제 앞 환한 물결들
마냥 기뻐 뛸 것이다.

〔2002년 5월 3일 일기〕『임제록』「시중(示衆)」편의 "불타와 조사, 이들은 일을 없앤 사람들이다(佛與祖師 是無事人)"를 '有事-無事'로 풀어 2001년 5월 서천군 여행 때 쓰다 말고 묻어두었던 「비인 5층 탑」의 불씨를 일구는 입김으로 썼다.

그날, 정림사지 5층 석탑

성긴 눈발 빗방울로 뿌리다
다시 눈발 되어 날리는
눈발 날리다 다시 빗방울로 흩뿌리는
그런 지워버리고 싶은 날.

텅 빈 뜨락에 혼자 있는 그대
크도 작도, 늙도 젊도 않게
속 쓰리지도 않게
뒤로 돌아가 보아도 어디 따로 감춘 열(熱)도 없이
눈비 속에서 잊힌 듯 숨쉬고 있다.
그 들숨 날숨 안에 들면 사는 일이 온통 성겨진다.

'춥니?'
'아니.'
'발끝까지 젖었는데?'
'어깨가 벌써 마르고 있어.'
'조금 전에 우는 걸 봤다는 사람이 있는데?'
'네 눈으로 직접 본 거나 옮기지.'

누구였더라?

　며칠 동안 바닷가를 어정거렸다.
　썰물 때 태안 이원반도 끝에서 바다로 들어간 길이 바닥에 채 닿지 못하고
　밀물과 함께 서둘러 뭍으로 나오곤 했다.
　어제는 동짓날 밤 잠 속에서
　꿈의 바닥으로 한 발짝만 더 한 발짝만 더, 들어가다
　간신히 밀물을 피해나와 욕실에 가서 찬물로 세수를 하니
　오랜만에 생각이 0을 가리킨다.
　가만, 보인다.
　산 것들, 나무들 꽃들 사람들,
　하나같이 햇빛 어딨어, 빈자리 어딨어, 목말라 목을 뺄 때
　내색 않고 옆에서 태연히 식던 꽃이 누구였더라?
　삶이 뭐냐 따위는 묻지 않고.

바다 앞의 발

한 짝은 앉아 있고 다른 한 짝은 누워 있는
반 고흐의 낡고 닳은 구두
끈마저 지겨워 반쯤 풀어지다 만 구두
닮은 발,
동상(凍傷)으로 짓무른 둘째 발톱 계속 간신히 붙어 있는,
엄지 옆 뼈 광대뼈처럼 툭 튀어나온 험한 발로
예까지 왔다.

쉿, 여기가 끝인가?
앞을 가로막는 저 바다,
발이 없다.
고개 들면 바로 앞에 우연인가 인연인가 빨간 깨꽃들이
발 형상으로 모여 피어 있다.
바다 앞에 발의 붉은 신호등!
여기가 끝인가?
저 앞 파도가 물기둥을 하나 밀어올린다.

기둥의 발가락들이 흩어지기 직전 푸른 무우청처럼
숨쉰다.
저기 또 흩어지기 위해 사라지기 위해
숨죽이고 계속 부풀어오르는 형상들!
삶의 끝을 정맥이 마르는 것이라 생각지 말라.
발걸음 멈출 때
마음이 앞으로 기울지 않는 것이다.

제2부

시간 속에 시간이 비친다

　언뜻 보기와는 달리 다음 시편들은 선문답이 아니다. 상대방을 시험하거나 제압하거나 깨우치려는 의도가 없기 때문이다. 우선 할이 들어설 자리가 없다. 그저 불타와 예수의 친근한 마음 주고받음이다. 친근함은 속(俗)에 속하고, 성(聖)과 속이 서로 껴안는 시/공간은 성 혹은 속만의 시/공간보다 더 허허로운 삶의 노래가 될 수 있다. 첫 번째 대화 후 삼 년 세월이 흘렀고, 모르는 새 불타와 예수의 감각이 서로 더 바투 자리 잡게 되었고, 자연스레 어투도 긴장을 풀고 있다. 높임말과 높이지 않는 말을 섞어 쓴 대화가 더욱 친근감을 보여주고 있다.
　이 시들을 읽으며 뒤에 숨어 있는 에피소드나 신학 쟁점을 캐려고 애쓸 필요는 없으리라. 예를 들어 「요한 계시록」에 나오는 '아라야식(阿羅耶識)' 이해를 위해 사전에 나오는 뜻 정도 이상의 지적 탐구도 필수가 아니다.
　사실 예수와 불타 모두 엄청나게 큰 존재들이다. 상상력으로 그들의 주고받음을 추적하면서 많은 것을 새로 배웠음을 고백한다. 발언의 안배 문제 따위는 애초부터 염두에 없었다. 뒤를 보지 말고 앞을 보자. 시간 속에 시간이 비친다. 그 시간 속에 들어가보자.

꽃의 고요

일고 지는 바람 따라 청매(靑梅) 꽃잎이
눈처럼 내리다 말다 했다.
바람이 바뀌면
돌들이 드러나 생각에 잠겨 있는
흙담으로 쏠리기도 했다.
'꽃 지는 소리가 왜 이리 고요하지?'
꽃잎을 어깨로 맞고 있던 불타의 말에 예수가 답했다.
'고요도 소리의 집합 가운데 하나가 아니겠는가?
꽃이 울며 지기를 바라시는가,
왁자지껄 웃으며 지길 바라시는가?'
'노래하며 질 수도….'
'그렇지 않아도 막 노래하고 있는 참인데.'
말없이 귀 기울이던 불타가 중얼거렸다.
'음, 후렴이 아닌데!'

고통일까 환희일까?

'요즘 멜 깁슨이라는 자가 만든
그대의 수난 영화가 가히 엽기적이라던데.
지금껏 나는 그대가 고통보다는
환희의 존재라고 생각했지.'
불타가 입을 열자 예수가 말했다.
'이른 봄 복수초가 막 깨어나
눈 속에 첫 꽃잎 비벼 넣을 때
그건 고통일까 환희일까?'
'막 시리겠지.'

인간의 빛

'인간의 외로움을 신의 빛으로 표현하려 한
인간들의 저력 놀랍네.'
인상파 전람회에서 예수가 말하자
'인간이 보는 빛은
인간 저들의 빛이지.'
불타가 그림에 다가가며 말했다.
'우주의 빛이겠지.
하긴 우주의 빛도 인간 안구(眼球)에 닿는 빛이겠
지만.'
예수의 말을 들으며 불타는
모네의 빛이 인광(燐光)처럼 수련을 태우고 있는
것을 보았다.
물감만 가지면 사람들은 세상을 빛으로 채울 수 있
군,
예수는 마음을 뎁혔다.

미운 오리 새끼

'우리는 깨침에 대해
너무 많은 말을 하고 있다고 생각지 않는가,
봄이 오면 풀과 나무는 절로 꽃 피우는데?'
불타의 말에 예수는 못 들은 척
산사(山寺)에 오르는 사람들을 바라보았다.
갑자기 산이 꿈틀대더니
꽃의 파도가 되었다.
다시 보니 산이었다.
눈을 거두며 예수가 말했다.
'사람의 속모습은 거의 비슷하지.
겉으론 봄꽃 진 다음 여름꽃 피고
꽃인지 낟알인지 모를 걸 머리에 달고 가을 억새는
좋아서 물결치지만.'
'아예 하찮은 풀로 치부하고 살다가
어느 일순 환히 꽃 피우는 자는?'
불타의 말을 받아 예수가 속삭였다.
'겁나겠지!'

십자가

'왜 그대의 건물 안에는
거의 예외 없이 십자가상이 있는가?'
교회 강단 위에 가시 면류관 쓰고 고개 떨군 상(像)을 보며
불타가 물었다.
'열반상이 안에 들어와 있는 내 거처는 참 드문데.'
'무교회주의자에게 물어보게나.'
'원효에게나 물으란 말인가?'
잠시 침묵을 지키다 예수가 말했다.
'열반보다 고통이 인간에게 더 바투 있지 않은가?'
불타가 정색을 하고 물었다.
'고통이 곧 삶의 전제인가?'
무언가 기억해내려는 듯 한참 이마를 찌푸리다 예수가 말했다.
'십자가 위에서도 고통은 끝내 자기 속내를 다 보여주질 않데.'
'십자가 위에서 고통이 활활 탈 때
그냥 살아 내려 오셨다면?'

잠시 후 예수가 혼잣말처럼 대답했다.
'그런 막장 없는 공(空)이 어디 있겠는가?'

벼랑에서

'지금 새로 유다를 만나면 다시 뿌리치시긴 힘들겠지?'

벼랑 끝에서 아래로 나는 새들을 내려다보던 불타가 생각난 듯이 예수에게 물었다.

예수는 벼랑이 땅과 생각을 끊는 곳 아닌가,

되묻고 싶었다.

철 늦은 비비추들이 서로 얼싸안고 있고

벼랑 밑에서는 물결이 가다 멈추고 가다 멈추고 하고 있었다.

유다 속에서 베드로를 보라고 하고 있군!

벼랑 건너편에서 가물가물 해가 지고 있었다.

유다는 무슨 말로 기도를 끝내곤 했을까?

그 끝에는 무엇이 남곤 했을까?

외로운 인간이지.

예수가 마지막 햇빛을 받으며 불타 쪽으로 몸을 돌렸다.

불타는 손을 내밀어 두 손바닥을 마주 댔다.

요한 계시록

'대충 이해는 되지만
세상을 거듭거듭 불로 지지겠다는 건
아무래도….'
불타는 머뭇거리며 말을 채 맺지 못했다.
예수는 속삭이듯 말했다.
'그대의 참되고 영원한 마음 아라야식(阿羅耶識)도
세월이 흐르며 바뀌던데.
번뇌의 근본이 되기도 하고.'
'그럼 지금은 요한의 생각도 바뀌었다는 뜻인가?'
'사람을 어떻게 지지겠나?'

지옥의 불길

'저 난감한 지옥의 불길은
결국 가상현실의 불길이군요?'
키보드를 두드리다 몸을 돌이키며 원효가 묻자
불타는 답했다.
'불길이 대체 어디 있지?'
원효가 이번엔 예수에게로 몸을 돌리자
예수가 속삭였다.
'지옥이란 이 세상 관계들이 죄 끊겨지는 삶일세,
생각마저 하나하나 끊겨지는.'
'그 다음은 어떻게 됩니까?'
'이어지길 기다리겠지!'
'그러면 내세도 시간 속에 있군요.'
'그렇다. 시간도 시간 속에 있다.'

흔들리는 별

 '그대는 사람들에게 어디서고 흔들리지 말라고 하셨지,
 꽃밭 속에서도 사람 속에서도 겁화(劫火) 속에서도.'
 어둑 무렵 싸한 국화 향기 속에서 나오며
 예수가 불타에게 말했다.
 '꽃에 취하고 사람에 취하고 불에 취하고
 어디 흔들릴 틈이 있겠는가?'
 예수는 별이 방금 돋기 시작하는 하늘을 올려보며 말했다.
 '저 하늘에 혼자 사는 별들은 흔들리지 않아도
 행성들과 함께 사는 별들은 흔들리고 있지.'
 '하긴 때로 해까지 흔들린다는 느낌이 있더니!'

보통 법신(普通法身)

'그대의 산상 수훈(山上垂訓)과 청정 법신이 무엇이 다른가?'
나무들이 수척해져가는 비로전 앞에서 불타가 묻자
예수가 미소를 띠며 답했다.
'나의 답은 이렇네.
마음이 가난한 자와 청정 법신이 무엇이 다르지 않은가?'
비로자나불이 빙긋 웃고 있는 절집 옆 약수대에
노랑나비 하나가 몇 번 앉으려다 앉으려다 말고 날아갔다.
불타는 혼잣말인 듯 말했다.
'청정 법신보다
며칠 전 혼자 나에게 와서 뭔가 빌려다
빌려다 한마디 못하고 간 보통 법신 하나가
더 눈에 밟히네.'
무엇인가 물으려다 말고 예수는 혼잣말을 했다.
'저 바다 속 캄캄한 어둠 속에 사는 심해어들은
저마다 자기 불빛을 가지고 있지.'

어디선가 노란 낙엽 한 장이 날아와 공중에서 잠시 떠돌다
한없이 가라앉았다.

제3부

늦겨울 비탈

두어 식경 동안 마주 오는 차 하나 사람 하나 없이
2005년 3월 초, 봄이 오다 만 봉화군 도로를 천천히 달린다.
길 양옆을 스치는
여기저기 마른풀과 맨흙이 드러나다 다시 눈발 친 비탈들,
오그라진 지난해 이파리 몇 줌 간신히 붙들고 선 참나무들
비늘 갑옷 풀다 말고 엉거주춤 모여선 소나무들
나무 우듬지를 감다 손놓았던 덩굴이
다시 감으려고 뻗은 촉수가 공중에 멈춰 있는 늦겨울 비탈이
우리에게 지울 수 없는 내면이 있음을 알려준다.

겨울 저녁, 서산에서

  어른대던 사람들 둑에서 내려가고
  한참 만에 사람 하나가 새로 올라간다.
  하늘과 땅을 가르고 있던 금 천천히 풀어지고
  언제부터인가 눈이 자꾸
  안 보이는 것을 찾고 있다.
  바티칸이 감추어두었다 이따금 보여주는 미켈란젤로의 벽화,
  십자가에 거꾸로 매달린 베드로 얼굴의 눈이
  열심히 미켈란젤로를 찾는 그런 겨울 저녁,
  눈 친 벌판을 둘러보는 동박새의 눈,
  한 점 두 점 눈발이 시작되다 빗방울이 되어 날기도 하는
  그런 저녁,
  가창오리 몇 마리 날아올라 허공을 휘돌다 사라진다.
  김용배의 설장구, 그 시원한 끄트머리!
  빗방울 몇이 얼굴을 따갑게 때린다.
  손사래를 친다.

지금 이곳이 지구 속인가 밖인가?
생각하다 말고 바람이 불고 있다.

여수 구항(舊港)에서

늦겨울 어둑어둑 무렵
횟집 '삼학' 가파른 층계 이층에 올라가 창가에 앉아
술상 기다리며 밖을 내다보니 나도 모르게
어떤 모진 외로움 속을 들여다보고 있었다.
초저녁인데도 불빛은 새 항구로 가고 없고
깃발 흔들던 바람도 가고 없고
불을 채 못 끈 배 한 척이 부두 한편에 매달려 있었다.
사내아이 하나가 서툰 자전거를 몰고
가로등 불빛 속으로 들어와 핸들에서 두 손을 떼고
아슬아슬 축대 가장자리를 스쳐 불빛 밖으로 사라졌다.
혼자술로는 더 늘일 수도 줄일 수도 없는 형상!
이 밤은 별나게 깊어갈 것이다.

죽로차
─서산 부석사에서 만난 성전 스님에게

지난겨울 찬 바람이
서산 서남 들녘과 바다를 밀물처럼 하얗게 덮을 때
바람의 이랑 내려다뵈는 도비산 허리에서
우연히 만나
부드러운 죽로차 마시며 담소한 일이 벌써 반년이군요.
선물로 주신 차,
물 끓이고 70도 언저리로 내릴 때까지 기다려야 되는
기다리는 시간이 무언지 늘 새로 느끼게 하는
그 까다로운 차를,
이제 집 밖에서 그리워하게끔 되었습니다.
차의 부드러움이 모르는 새
속마음을 얼마나 정교하게 짚어내기도 하는지
한 마리 조그만 개미가 되어 두 더듬이 비비며
찻잔 앞을 긴 적도 두어 번 됩니다.
우연도 인연이라는 불가(佛家)의 말은 잠시 접읍시다.
우연만으로도 모처럼 환합니다. 오늘은

개미 하나가 식은 죽로 잔에 빠져 허우적거리는 것을 건져주었습니다.

허물

매미 허물 하나
터진 껍질처럼 나무에 붙어 있다.
여름 신록 싱그런 혀들 사방에서 날아와
몸 못 견디게 간질일 때
누군들 터지고 싶지 않았을까?
허물 벗는 꿈 꾸지 않았을까?
허물 벗기 직전 매미의 몸
어떤 혀, 어떤 살아 있다는 간절한 느낌이
못 견디게 간질였을까?
이윽고 몸 안과 밖 가르던 막 찢어지고
드디어 허공 속으로 탈각(脫殼)!
간지럼 제대로 탔는가는
집이나 직장 혹은 주점 옷걸이 어디엔가
걸려 있는 제 허물 있는가 살펴보면 알 수 있으리.
한 차례 온몸으로
대허(大虛)하고 소통했다는 감각이.

정선 화암에서

너무 많은 소리로 고요하여
오늘 밤 쉽게 잠들지는 못할 것이다.
풀벌레들이 쉬지 않고 울고
밤새들이 잠깐씩 끊어 계속 노래하고
바람은 물굽이에서 가끔 짐승 소리를 내고
달은 가다 걸음을 멈출 것이다.

누군가 안에서 속삭인다.
'네 삶의 모든 것, 고요 속의 바스락처럼
바스러지고 있다.
자, 들리지?
허나 후회는 말라.
부서짐은 앞서 무언가 만들었다는 게 아니겠는가?'

환한 달빛 속에서 화암 뼝대들이 대신 화답한다.
'만든 것은 결국 안 만든 것으로 완성된다
꽃이 지며 자기 생을 완성하듯이.
때로 우리도 가슴 언저리를 내놓아

애써 만든 상(像)을 부서뜨린다.
허나 부서진 곳 떨어져나가면 또 새로운 상,
쉬지 않고 쉴 곳 세상 어느 구석에도 없고,
(나를 향해 가슴 약간씩 돌리며)
아 그대 안에 내장되어 있다.'

나는 간신히 말한다, '달을 그만 가게 하자.'
언제부터인가 올빼미가 혼자 울고 있고
여울을 건너며 달이
잔물결에 깔았던 은비늘을 쓸어 담는 기척을 낸다.

다시 몰운대에서

저기 벼락 맞고 부러져 죽은 척하는 소나무
저기 동네 앞에서 머뭇대는 길
가다 말고 서성이는 바람
저 풀어지기 직전 마지막으로 몸 매무시하는 구름
늦가을 햇빛 걷어들이다 밑에 깔리기 시작하는 어스름
가끔씩 출몰하는 이름 모를 목청 맑은 새
모두 노래 채 끝나지 않았다는 기척들.

나도 몰래 마음이 뿌리내린 곳,
뿌리 몇 차례 녹다 만 곳.

내가 나를 본다
더 흔들릴 것도 없이 흔들리는 마른풀,
끝이랄 것 없는 끝
노래 대 하나 뵈지 않게 출렁여놓고.

다대포 앞바다 해거름

해거름에 등* 가장자리로 밀려난 좀보리사초들이
모래 위에 을씨년스럽게 서 있다.
뿌리를 채 감추지 못한 놈도 있다.
갈대들이 서로 안으려다 말고
서걱거린다.
물가에 잠시 멈춰 선 붉은어깨도요
석양이 맞바로 비치고 있다.
풀들의 마음 속까지 적시는 빛
물들이다 남으면 바다에 붉게 쏟아진다.
저물녘 하늘과 저물녘 바다의 이 저물녘 만남,
그 누군가의 이 세상에 없게 될 날 해거름으로
모자람 없으리.
방금 물새들 빙빙 돌고 있는 바다에선
검붉은 물결 소리 없이 헤치며
막 새로 태어나고 있는 저 등!

* 부산 다대포 앞바다에서는 낙동강 퇴적으로 계속 새 섬들이 생 겨난다. 그런 섬을 그곳에선 '등'이라고 부른다.

그 돌

투명해진다. 하늘이 탁 트이고 딱지 앉았던 벌레 구멍 터지고
남은 살 자잘히 바스러지고 잎맥만 선명히 남은 이파리
늦가을 바람을 그대로 관통시킨다.
비로소 앞뒤 바람 가리지 않게 되었다.

산책길에 언제부터인가 팽개쳐 있는 돌
문득 눈에 밟혀 길섶 잇몸에 박아준다.

덮을 풀 한 포기 마른 나뭇잎 한 장 없이
한데 잠든 돌 꿈을 꾼 아침
혹시 딴 데로 옮겨줄까 다가가니
그는 하얀 서리를 입고 앉아 있었다.
괜찮다고,
하루 한 차례 볕도 든다고, 이처럼
마음 한가운데가 밑도 끝도 없이 내려앉는 절기엔
화사한 옷도 마다하지 않는다고,

앞의 햇볕 가리지 말아달라고.*

* 그 돌이 디오게네스를 기억하고 있었던가?

마지막 가난

늙음은 가난과 같다.
59세로 세상 뜰 때까지 줄곧
가난을 호소한 제임스 조이스가
마지막 7년 동안 거의 매일 저녁
파리의 이름난 레스토랑 푸케(Fouquet)에서
포도주 가려 마시며 살았듯이
지금도 그 식당 안에 '조이스의 방'을 가지고 있듯이
그렇게 '가난하게' 살 수야 없지 않은가!

겨울 저녁 한때 짧은 관목 숲을 온통 황홀케 하는
관(冠) 제껴쓰고 꽁지에 빨간 불 켜 달고 걸어가는
홍여새 하나.

이 한 장의 햇빛
지우지 마라.

당진 장고항 앞바다

갑판에 누워 있는 우럭들을 마주하고 소주를 마신다.
회칼로 생살 구석구석을 저미는 눈부신 아픔에 몸다 내준
저 무덤덤한 얼굴들,
이제 더는 없어, 하며 하나같이 가시를 내보이는
저 썩 괜찮은 죽음의 아이콘들!
회는 조금 달고, 소주 몇 모금 끄트머리는
안주가 생살이라고 알맞게 핏기운을 풍긴다.
던지는 회 몇 점 갈매기들이 공중에서 받아먹고
발동 끈 뱃머리에서 바람이 소리 없이 웃고 있다.
그 언젠가 몸의 살 그 누구에게 눈부신 아픔으로 내주고
뼈마디들도 내주고
무덤덤한 얼굴을
삶의 얽힘과 풀림의 환유(換喩)로 삼을 날인가?
갑판에서 얼굴 하나가 불현듯 눈을 크게 뜬다.

더딘 슬픔

불을 끄고도 어둠 속에 얼마 동안
형광등 형체 희끄무레 남아 있듯이,
눈 그치고 길모퉁이 눈더미가 채 녹지 않고
허물어진 추억의 일부처럼 놓여 있듯이,
봄이 와도 잎 피지 않는 나뭇가지
중력(重力)마저 놓치지 않으려 쓸쓸한 소리 내듯이,
나도 죽고 나서 얼마 동안 숨죽이고
이 세상에 그냥 남아 있을 것 같다.
그대 불 꺼지고 연기 한번 뜬 후
너무 더디게
더디게 가는 봄.

부활

죽음도 부활도 다가오는 부활절도 다 삶의 일인데
이따금 속 모르는 추억은
오십 년 전 그대 살던 동네까지 다시 길을 놓건만
봄 가뭄 끝에 흐르다 만 개울까지 그대로 멈춰놓건만
첫사랑은 부활하지 않는고나.
문 앞에서 머뭇대다 나도 몰래 옆 골목으로 새면
쓰다 쓰다 채 못 쓴 편지처럼 진해지고 진해지던 하늘
오늘은 빗방울이 되어 흩날린다.
그렇다, 오랜만에 비 저리 소리 내며 내리는데
비안개 사방에 피어 있는데
마지못해 첫사랑이 부활한다면
잃은 사랑 정성 들여 수놓은 저 여러 필(疋) 추억은
어디다 널어 말려야 할 것인가?

막비

2004년 7월 7일 새벽 3시
전주 한옥 마을에서 정신없이 깨어 듣는 빗소리.
왕뗏장 비구름이 도시 한 귀퉁이를 움켜잡고 놓지 않는지,
한지 한 장씩 사이에 두고 두 빗소리.
앞마당에선 한목소리로 계속 줄기차게 마당과 섬돌을 때리고
뒤울안에선 담에 부딪고 벽을 치고
간간이 종이창에 튀어올라 흐느끼기도 한다.
두 소리 시시각각 간절하고 매몰차다.
한 편에 귀 하나씩 내주다가 어느샌가 몸째 다 내놓는다.
살며 채 살지 않은 것들이 생각에 잠긴 듯 지나간다.
오래전에 버린 구식 컴퓨터 모니터 하나
지나가다 슬쩍 몸을 튼다.
눈먼 부부 앞에 잔돈이 없어
주머니 움켜쥐고 지나치는 모습,

카메라 플래시!
눈부시고 쓰리고 아리고….
그래, 다들 눈앞에 지나가게 하자.
이게 참 몇십 년 만이지?
벌거벗은 지금이 바로 삶이라고
우레도 천둥도 바람결도 없이
막 쏟아붓는 밤비.

* 메모
2004년 여름 무작정 달려간 1박 2일의 전주 여행. 숙소인 한옥 체험관에서 한밤중에 만난 막비가 만들어준 시다. 전주에서 만나 같이 맑게 낡은 화암사에도 가고 인터뷰도 하고 한밤에 깰 수 있도록 술을 알맞게 마시게 해준 전북대 영문과 교수 이종민 배숙자 부부, 시인 안도현, 전북일보 문화부 기자 도휘정의 각기 개성적이면서도 환한 마음의 결들이 참 오랜만에 막비를 막비로 맞게 했을 것이다.

외로움/홀로움

　그때 우린 왜 외로움을 수월케 왜룸이라고 발음하지 못했지,
　에룸이라고?
　외로움, 저 앞뒤가 꽉 막힌 시간을?
　사방 어둡고
　눈송이 몇 성기게 날리다 말다 할 때
　전철역에 내려가 네 번짼가 다섯 번째 오는 차를 타고
　머뭇대는 생각들 모두 고개 내밀어 떠들게 하고
　자알 헌다, 서로 빈정대게 하고
　손가락 입에 대고 한번 쉿 하면,
　백 가지 얼굴 뒤의 이 고요함이여!
　옆 애를 안심시키기 위해 웃음 한번 지어주고
　지상으로 오른다. 눈발이 굵어졌다.
　불빛들이 호흡을 바꿨다.
　붕어빵 장수는 붕어 허리 춤,
　군밤 장수는 제자리 걸어 춤,
　헐벗은 어린 소녀 옆에 세워놓고 엎드린 사람 앞에 걸음 멈춘 사람

이 셋은 잠시 정지한 기(氣)인 듯 눈송이들이 에워싸 휘돌고 있다.
 홀룸!

호프 '통 속으로'
―홍신선에게

  싸늘한 늦가을 기운 옷 속에 파고들 때
  저녁 하늘 등지고 새들이 빈 나무 가지에
  신경 곤두선 이파리들처럼 붙어 생각에 잠겨 있을 때
  우리가 '통 속으로' 호프에 올라가 말없이 맥주를 마신 것은
  새들처럼 무슨 생각의 실루엣을 만들기 위함은 아니었지.
  힘줄이 살 속에 풀어져 녹기 시작했어도
  술맛 더 예민해진 겁나는 저녁에
  시간이 증발한 것 같은, 뇌출혈 같은 착각,
  '통' 밖에서 해가 지평선에 걸려 넘어가지 못하고 있다는 착각,
  우리가 지상에서 훌쩍 자리 뜬 후에도
  우리 앉은 자리에 우리가 다시 앉아
  지금처럼 맥주잔을 비우고 있으리라는 착각,
  누군가 하나 고개만 들어도 금세 우리 아닌 게 들킬
  그런 착각을 즐기기 위하여!

때맞춰 그대가, 들키면 없던 일로 하죠, 했것다.
이제 감출 일 따로 없고
마침 눈앞에서 맥주 부글부글 끓고 있으니,
서로 마주 앉으면
이 한통속 자리, 저세상엔들 왜 따로 없겠는가?

안개 속으로

2004년 11월 11일 오후 4시
성긴 발처럼 천천히 내리던 실비
홀연 연막 안개로 바뀌는 청주 상당산성,
시야 1미터.
방금 기어오른 성벽 위를 걷는지
성 안을 걷는지 성 밖을 걷는지
시간 전 저 아래 도시에서 강연하며 생각 증발시킨
뇌 속을 걷는지?
과거에도 이런 길 걸은 적이 있다.
한 치 세상 앞이 안 보일 때
도처에 허방이 도사리고 있는 안개 속을 걸었다.
일순에 맨땅으로 다이빙하는 아슬아슬과
아슬아슬의 내벽에서 진땀처럼 돋는 가벼움을 번갈아 맛보며
무명(無明) 속을 외길 내며 걷는 것.
어디선가 몸 뒤척이는 추억의 무적(霧笛) 소리,
짐승 같은 바위 피해 급히 몸을 돌리자
눈썹 바로 앞에서 나무 하나가 몸을 홱 틀어

간신히 충돌을 피해준다.
전신 출렁! 내가 나를 비킨다.
그만 발길 되돌려?
이런, 백자(白磁) 유약 속 길인데!
그대로 걷는다. 허방들이 촉각에서 해방된다.
안개 속이 훤하다.

이스탄불 그랜드 바자르*에서

> 발리 춤에서 관광이 빠지고
> 기도(祈禱)가 밀물처럼 찬 세마** 춤.
> ─2005년 2월 일기에서

1

터키에서 돌아온 후 일주일 동안
짐을 풀지 못하고 출렁이며 살았다.
친구들과 어울려 거하게 마셔도
벗어났던 낮과 밤이 제 홈에 돌아와도
이스탄불 그랜드 바자르에서 홀린 듯 만난 판화(版畵)의
세마 춤 신도들이 시야 속에서 쉬지 않고 돌았다.
춤사위 하나는 무용 치마 끝을 머리 위까지 올리기도 했다.
그림을 책들 사이에 끼워 숨죽이게 해도 마찬가지,
이번엔 길을 사이에 두고 마주 보고 서 있는
성 소피아 성당과 블루 모스크가 빙긋 자리 바꾸며
천천히 시계 방향으로 돌기 시작했다.

2

살아서 돌지 않는 것이란 없다.
지구도 돌고 달도 돌고 해도 돌고
태양계, 저 하늘의 물결 은하도 돈다.
메블라나** 신도들이 춤추며 돈다.
몸속의 피도 돌고
원자핵도 전자도 돈다.
춤추며 돌며 기도하는 메블라나들,
모자와 어깨와 팔과 허리와 아랫도리가 돈다.
두 발도 돈다.
팔들을 경건히 모았다가 활짝 펴고
폈다 다시 모으며 돈다
경건(敬虔)이 바야흐로 춤으로 바뀔 때까지.
기도가 자기 자신과 독대하는 간곡한 공간이라면
서로 마주 대하는 순간 춤이 되어 돈다.
호텔 창밖에 건성건성 내리는 눈송이들도 휘돌며

덩달아 춤이 된다.

   3

도는 일 멈추면 그만 유적(遺跡)이 된다.
에게 해와 지중해를 동시에 내려다보는
보드룸 십자군 성의 늦겨울 텅 빈 황혼,
도서관과 유곽이 길 하나 두고
같이 묻혔던 에베소 시가지,
물소리와 음악으로도 병을 치료했던
아스클레피오스 종합 병원과 함께 주저앉은
산성(山城) 도시 페르가몬,
모두 겨울 서리 시간에 멎어 있다.
아직 돌고 있는 건
잊힌 듯 이동하는 몇 소대의 양떼들
저 아래 무섭게 물결치는 시퍼런 에게 바닷물
산정(山頂) 위로 수직으로 오르는 몇 줄기 구름
무릎 관절 접어야 손에 잡히는 땅 높이의 아칸서스

잎들,
  코린트식 기둥머리에 새겨진 아칸서스 무늬는
  돌 옷에 덮이고 깨어져내려 땅에 묻혀도,
  살아 있는 아칸서스는 땅을 무늬로 덮으며 돋다.

    4

  신들의 상상력은 인간보다 가혹한 데가 있다.
  폐허의 산정에서 내려다보면
  문명이란 지상(地上)에 번지는 버짐 같은 것,
  돌 옷 같은 것.
  신 없이 인간이 어떻게 에베소 옆 산등성이에
  거대한 돌기둥 몇 박은 엄청난 폐허 성 요한 교회를
만들고
  바다를 멀리 내쫓고
  안 보이다 갑자기 나타나 '원 달러! 원 달러!' 외치며
  안 팔리는 사진첩 내미는, 다리 절며 미소짓는,
  저 터키 사내의 눈에 얼비치는 혼불을 만들 수 있을

것인가?
  우리 일행을 따라오다 돌아설 때
  앞서보다 더 심하게 다리를 절며 웃음 잃지 않는
  저 돌 꽃!
  그의 등 뒤에서 내가 문득 두 사람 몫의 생각에 잠
기다.

  5

  사람과 기도와 춤이 어울려 하나가 된다,
  인간의 바램이 복 비는 신전 제단이 되지 않고
  폐허에 던져져도 미소짓는 혼불의 바램이 될 수 있
다면,
  그 바램이 일어서서 첫발 내디딘다면!
  이스탄불 토요일 저녁 거리,
  넘치듯 살아 움직이는 동서양 혼성 합창이
  누가 춤사위만 한번 떼면
  모두 불현듯 춤을 추며 돌 것 같다

그랜드 바자르의 상인들도
열심히 흥정하는 손님들도
나에게 세마 춤 값을 당당히 깎인 청년도.
그는 고른 이빨 드러내 고맙다고 하며 능숙한 솜씨로
판화보다 더 값나갈 포장지에 그림을 싸
가슴 높이로 나에게 건넸다.
춤을 안고 속으로 소고(小鼓) 치며 바자르 속을 돌다가
세마 모자 쓰고 방금 두 팔로 허리를 받치며
춤추듯 건너편 코너를 도는 나를 만난다.
그가 빙긋 웃는다.
내가 나를 놀래켰다.

  * bazaar: 중동 지방과 인도의 시장(市場). 이스탄불의 그랜드 바자르는 동서양이 만나는 거대한 시장이다.
 ** Sema: 이슬람의 한 파. Mevlana Rumi(1207~1273)가 세운 교파로 춤추며 기도를 하며 깨달음과 평화를 얻는다.

훼방동이!

가을비 추적추적 내리는 밤 정선 야외 축제에서
시 낭송 마치고 단에서 내려와
뒤편에 열려 있는 임시 술집 천막
자욱한 비안개 속에 꼬치안주로 소주를 홀짝이다
빗발 가늘어진 틈을 타
소주 가득 담긴 맥주잔 든 채 소피 보러 나간 어둠 속
나무에 기대어 남자에게 따뜻한 젖 먹이고 있던 여자
빗물 어른대는 속에
그 가슴 얼마나 넉넉하게 보이던지,
빗물 탄 술 천천히 끝까지 들이켰다.

이튿날 아침 펜션 마당을 거닐며
계곡 물소리에 귀를 내주다가
누군가 뒤에서 소곤대는 기척 있어
고개 갸웃대는 개미취들에게 다가가 귀 기울이니
'훼방동이!'
그동안 귀가 많이 여려졌군.

지난 밤비에 물 가득 분 강가로 간다.
가을비 추적추적 내리는 밤
젖은 나무에 기대어 남자에게 따뜻한 젖 먹이고 있던 여자….
찬 술 마지막 방울까지 들이켰지,
앞으로 모쪼록 피 따끈히 도는 삶을 살라 빌며.

카잔차키스의 무덤에서

2005년 8월 6일 오후 크레타 섬의 이라클리온 항(港) 동편 성벽에 올라 비석에 망인의 이름 대신 자유인이라는 글발 몇을 적은 『희랍인 조르바』 작가의 무덤을 찾았다.

꽃 속에 꽃을 피운 부겐빌레아들이
성근 바람결에 속 얼굴을 내밀다 말다 했다.
오른팔을 약간 삐딱하게 치켜든 큰 나무 십자가 뒤에
이름 대신 누운 자가 '자유인'이라는 글발이 적힌 비석이 있고
생김새가 다른 열 몇 나라 문자로 제각기 '평화'라고 쓴
조그만 동판(銅版)을 등에 박은 무덤이 앉아 있다.
인간의 평화란 결국 살림새 생김새 다른 사람들이 모여
함께 정성 들여 새기는 조그만 판인가?
내려다보이는 항구엔 크기 모양새 다른 배들이
약간은 헝클어진 채 평화롭게 모여 있다.
떨치듯이 떠나가는 배도 두엇 있다.

발밑에서 메뚜기가 튄다.
뒤에서 누군가 속삭인다 나직이,
그래, 자유는 참을 수 없이 삐딱한 거야.

그럼 어때!

나흘 몸살에 계속 어둑어둑해지는 몸, 괴괴하다.
비가 창을 한참 두드리다 만다.
한참 귀 기울이다 만다. 고요하다.
생시인가 사후(死後)인가,
태어나기 전의 열반(涅槃)인가?
앞으론 과거 같은 과거만 남으리라는 생각,
숨이 막힌다. 실핏줄이 캄캄해진다.
일순 내뱉는다. 그럼 어때!

비가 다시 창을 두드린다.
나뭇잎 하나가 날려와 창에 붙는다.
그걸 때리고 빗소리 소란해진다.
빗줄기여, 돌이켜보면 지금까지 이어온 몸살과 몸살의 삶,
사로잡힘, 숨막힘, 캄캄함, 그리고
불현듯 긴 숨 한 번 들이쉬고, 그럼 어때!
이게 바로 삶의 맛이 아니었던가?
한줄기 바람에 준비 안 된 잎 하나 날려가듯

삶의 끝 채 못 보고 날려가면 또 어때!

잎이 떨어지지 않는 것까지만 본다.

마지막 지평선

한줄기 용담(龍膽)빛 연기 공중에 올라 떠돌고
태양열 엔진을 단 해
하늘과 땅 사이의 금을 향해 굴러갔다.
그 금, 세상에 던져져 처음 밖을 내다보았을 때
세상 한 끝에서 다른 끝까지 그어진
가늘고 질긴 흑단 끈으로 팽팽히 상감(象嵌)된 금
외로울 때면, 가까이 오라고 속삭이던 금
다가가면 갈수록 목마르던 금
언젠가 잘못 끌어당겼다 앞으로 쏠려 쓰러졌던 금,
새들이 대신 날아주었다.
허리 줄인 바지처럼 걷다가 외로움-목마름 속내를 들여다보니
그간 참 많이도 느슨해진 금,
마음먹으면 넌지시 들치고 빠져나갈 수도 있겠다.
누군가 속삭인다.
비자가 필요 없다고.
다른 누군가 속삭인다,
한번 나가면 다시 돌아올 수 없다고.

또 누군가 속삭인다.
애초에 금 같은 것은 없었다고.

비문(飛蚊)*

잠깐 스친 비에 젖다 만 낙엽을 밟으며
석양을 만나러 갔다.
어떤 이파리는 아직 살아 있다는 듯
빨갛게 익은 얼굴로 바지에 달라붙기도 했다.
구절초들이 시들고 있었고
날개 가장자리 몇 군데 패인 네발나비가
꽃 위에 앉아 같이 시들고 있었다.
세상 구석구석을 찬찬히 녹이는 황혼,
마치 거대한 동물의 내장(內臟) 같군,
누군가 말했다.

늦가을 저녁
나무, 꽃, 나비, 새 들이 그대로 녹는 빛 속에
벌레 하나 눈 속에서
녹지 않고 날고 있다.
고개를 딴 데 돌려도 날고 있다.
눈을 한참 꾸욱 감았다 뜬다, 눈물이 고일 만큼.
눈물에도 녹지 않고 날고 있다.

날건 말건!

* 비문증(症): 주로 노안(老眼)의 시야에 모기 같은 벌레가 나타나 사라지지 않고 나르는 증상.

시여 터져라

시여 터져라.
생살 계속 돋는 이 삶의 맛을 이제
제대로 담고 가기가 너무 벅차다.
반쯤 따라가다 왜 여기 왔지, 잊어버린
뱃속까지 환하게 꽃핀 쥐똥나무 울타리,
서로 더듬다 한 식경 뒤 따로따로 허공을 더듬는
두 사람의 긴 긴 여름 저녁,
어두운 가을바람 속에 눈물 흔적처럼 오래 지워지지
않는
적막한 새소리,
별 생각 없이 집을 나설 때 기다렸다는 듯 날려와
귀싸대기 때리는 싸락눈을,
시여!

봄비

조그만 소리들이 자란다.
누군가 계기를 한 금 올리자
머뭇머뭇대던 는개 속이 환해진다.
나의 무엇이 따뜻한지
땅에 속삭일 때다.

손 털기 전

누군가 말했다.
'머리칼에 먹칠을 해도
사흘 후면 흰 터럭 다시 정수리를 뒤덮는 나이에
여직 책들을 들뜨게 하는가,
거북해하는 사전 들치며?
이젠 가진 걸 하나씩 놓아주고
마음 가까이 두고 산 것부터 놓아주고
저 우주 뒤편으로 갈 채비를 해야 할 땐데.'

밤중에 깨어 생각에 잠긴다.
'얼마 전부터 나는 미래를 향해 책을 읽지 않았다.
미래는 현재보다도 더 빨리 비워지고 헐거워진다.
날리는 꽃잎들의 헐거움,
어떻게 세상을 외우고 가겠는가?
나는 익힌 것을 낯설게 하려고 책을 읽는다.
몇 번이고 되풀이 관계들이 헐거워지면
손 털고 우주 뒤편으로 갈 것이다.'

우주 뒤편은
어린 날 숨곤 하던 장독대일 것이다.
노란 꽃다지 땅바닥을 기어
숨은 곳까지 따라오던 공간일 것이다.
노곤한 봄날 술래잡기하다가
따라오지 말라고 꽃다지에게 손짓하며 졸다
문득 깨어 대체 예가 어디지? 두리번거릴 때
금칠(金漆)로 빛나는 세상에 아이들이 모이는
그런 시간일 것이다.

델피 신탁(神託)

파르나소스 산 델피 입구
길이 왼편으로 급히 꺾이는 곳, 앞을 막아선
엄청 가파르고 높은 두 바위가 노래한다.
'신탁은 자유인에게 내린다. 너 자신을 알라.'

나는 과연 자유인인가?
아폴로 신전 폐허 앞에서 잠시 생각에 잠겼다
문득 누가 이마 짚는 기척이 있어
정신 차리니, 신전에선가 돌기둥 뒤에선가
깊은 목소리가 들려온다.
'조그만 이름 하나 싣고 무겁게 떠돌리라.'

꿈꾸듯이 내려다본다.
델피와 저 아래 인간의 항구 사이
30년 가뭄에 거식증에 걸린 수많은 올리브 나무들이
햇빛 아래 고개 숙이고 있다.
얼룩나비 하나 눈앞에 떠돌다 월계수 가지 끝에서
사라진다.

목소리가 들려온다.

'이름은 나비와 같다.'

어디선가 다른 나비 하나 나타나 눈앞에 떠돈다.

| 해설 |

황홀하고 서늘한 삶의 춤

이숭원

1. 시 변화의 리듬

　황동규 시인의 시적 탐색은 언제나 신선하고 흥미롭다. 어떤 시적 성취가 흥미롭게 느껴지려면, 소재로 삼은 대상이 색다르거나, 대상에 대한 인식이 새롭거나, 대상을 표현하는 방법이 신선해야 한다. 이것은 결코 단순한 일이 아니다. 시인의 내부에서 치열한 싸움이 벌어져야 달성될 수 있는 일이다. 그 자신의 어법을 빌면, 전통과 싸우고 타자와 싸우고 자신과 싸우고 언어와 싸우는, 다면적인 창조의 노력을 통해 비로소 음미할 만한 결실이 우리에게 다가서게 된다. 정갈하고 담백하게 읽히는 그의 시편 내부에는 우리가 감지하지 못하는 고뇌의 시간이 온축되어 있는 것이다. 새 시집에 담긴 작품을 통독하며 예술의 진경을 타개하려는 시인의 고투와 유한한 생의 경계를 넘어서려는 정신의 모험을 다시 한번 선명하게 체감할 수 있었다.

  그의 시의 변화는 일종의 리듬을 갖고 있다. 그 리듬은 시집의 출간이 일정한 시간 간격을 유지한다는 것과 관련된다. 1975년에 출간된『삼남에 내리는 눈』이후, 그의 시집 출간은 약간의 편차를 제외하고는 3년 주기의 규칙성을 유지하고 있다. 그보다 더 중요한 것은 뚜렷한 변화의 족적을 남기려는 시인의 창조 정신이 각 시집마다 선명하게 각인된다는 점이다. 예를 들어,『외계인』(1997)은 그가 지속적으로 추구해온 극서정시의 특징적 단면들이 동양적 사유와 결합되면서 서정의 영역을 확대하고 새로운 가능성을 열어 보였다.『버클리풍의 사랑 노래』(2000)는 극서정시의 특징을 유지하면서도 인간의 외로움에 대한 다면적 접근, 외로움의 존재론적 의미에 대한 지적인 탐색을 통하여 "홀로움"이라는 새로운 경지를 시의 영역으로 끌어들였다.『우연에 기댈 때도 있었다』(2003)는 이 "홀로움"의 측면을 더욱 정제된 형태로 구조화하여 삶과 존재에 대한 성찰을 심화하는 한편, 석가와 예수, 원효를 등장시켜 선문답 같은 형식으로 생의 비의(秘義)를 탐색하는 시편을 시도하여 전인미답의 새로운 영역을 선보였다. 이것은 일반적 상식으로 고착되어 있는 예수와 불타의 이분법을 해체하는 작업으로, 예수의 언행을 불타에게 전이시키고 불타의 언행을 다시 예수에게 전이시킴으로써 두 측면의 친근성을 드러내고자 했다. 이번 시집에서는 이 양식이 계승되면서 그 전과는 다른 특징이 새롭게 부각되고 있다.

요컨대 그의 시의 행보는 그 이전의 성과를 계승하면서 그것을 발전시키고 거기다 새로운 요소를 담아 넣는 방식으로 전개되었다. 따라서 각각의 개별 시집은 그 이전의 시집과 계승과 극복, 지속과 갱신이라는 두 가지 관계를 일정하게 유지하고 있다. 그런데 이번 시집은 계승의 측면은 많이 약화되고 창신(創新)의 측면이 전면에 드러나 보인다. 그런 점에서 이번 시집은 황동규 시의 전개에 상당히 중요한 의미의 축을 형성할 것으로 판단된다.

2. 경계를 지우는 방식

지금까지 황동규 시의 전개에서 중요한 분기점 역할을 한 작품은「풍장」연작이라고 할 수 있다. 1982년에 시작되어 1995년에 종결된「풍장」연작은 우리 현대 시사에 중요한 한 획을 긋는 빛나는 시적 성취로 평가된다. 시인의 입장에서 보면 이 작품은 40대 중반에서 50대 후반에 이르는 한 시인의 삶과 죽음에 대한 인식의 변화 과정을 담아낸 작업이다. 그는 연작을 끝내면서 "초월은 결국 초월을 하지 않는 곳에 있다는 것을 깨닫기 위해 14년이 걸렸다"고 말했다. 그는 이 작품의 연작을 통해 죽음의 문제에 관해 어느 정도의 매듭을 지은 것이다. 물론 그 이후의 시편에도 죽음에 대한 명상, 생의 지속과 관련된 시간에 대한 명상이 이어지지만 그것은 「풍장」의 사유와 상상적 작용의 연장선상에 해당한다. 그것은 삶과 죽음의 경계를 지우려는 노력이다.

  삶과 죽음은 엄연히 다른데 어떻게 그 경계선을 지울 수 있을까? 만일 경계선을 지운다면 삶과 죽음은 단절 없이 하나의 회로로 이어질 것이다. 「풍장」의 명상을 통해, 그리고 이후의 사색과 숙련을 통해 시인은 그 경계선(금)이 "그간 참 많이도 느슨해"졌다고 조심스럽게 말한다. 더 나아가 "애초에 금 같은 것은 없었다"(「마지막 지평선」)는 누군가의 속삭임을 전하기도 한다. 이러한 경계선을 지우려는 노력은 실제의 현실적 맥락에서는 불가능할지 모르지만 상상의 영역에서는 가능하다. 상상의 세계야말로 불가능한 것을 가능한 것으로 바꾸어주는 신비로운 능력을 지니고 있기 때문이다.

  시인의 상상력은 시간과 공간을 넘나든다. 음악이나 회화가 새로운 국면을 보여주듯이, 시인도 언어와 상상력을 매개로 하여 새로운 세계에 도전한다. 그러나 음이나 색과는 달리 일상적 의사소통의 도구인 언어를 매재(媒材)로 삼아 새로움을 보여주기란 여간 어려운 일이 아니다.

새로움의 창조를 위해 시인이 기댈 수 있는 영역은 결국 상상력이다. 시공을 넘나드는 상상력이라고 했지만 그것은 의사소통의 도구인 언어의 통제를 받기 때문에 마법의 램프 같은 자유를 누리지 못한다. 그것은 갇힌 자유고 고통을 전제로 한 자유다. 다음의 작품은 새로운 인식의 표현을 위해 상상의 지평을 언어 자유의 임계점까지 밀고 나가는 모험을 감행하고 있다.

> 자꾸 좁아든다
> 만리포 천리포 백리포 십리포
> 다음은 그대 한발 앞서 간 영포.
> 차츰 살림 줄이는 솔밭들을 거치니
> 해송 줄기들이 성겨지고
> 바다가 몸째 드러난다.
> 이젠 누가 일러주지 않아도 알 것 같다
> 영포 다음은 마이너스 포(浦).
> 서녘 하늘에 해 문득 진해지고
> 해송들 사이로 바다가 두근거릴 때
> 밀물 드는 개펄에 나가 낯선 게들과 놀며
> 우리 처음 만나기 전 그대를 만나리.
> ―「영포(零浦), 그 다음은?」 전문

이 시에 나오는 "마이너스 포"라는 말은 "홀로움"처럼 시인이 만들어낸 시어다. 우리에게 익숙지 않은 이 말은, 시의 전체 문맥 속에서 보면, 다른 선택권을 허용하지 않는 시인의 필연적인 상상의 창조물이다. 여기 나오는 만리포, 천리포 등은 태안반도에 있는 실제의 지명들이다. 시인은 넓은 만리포에서 좁은 십리포까지 왔다. 나이가 들면서 삶의 영역이 좁아들고 시야가 줄어드는 것 같은 위기감을 느끼며 이렇게 삶의 영역이 줄어들다 보면 십리포를 넘어 영포에 이르지 않을까 하는 생각이 든 것이다. "영포"도 "마이너스 포"와 함께 시인의 상상력이 만들어낸 새로운 시어다. 그것은 삶의 영역이 제로가 된 것이니 그야말로 "마음이 앞으로 기울지 않는 것"(「바다 앞의 밤」), 즉 죽음의 상태를 일컫는 것이리라. 나보다 한발 앞서 간 그대가 머무는 곳이 영포다. 그렇다면 삶은 영포에 도달하여 모든 것이 끝나는 것인가? 시인의 상상력은 여기서 수학 좌표 가로축의 왼쪽으로 움직인다. 영포 다음에는 마이너스 포가 있겠지. 어찌 죽음으로 모든 것이 무화될 수 있겠는가. 여기에는 육체와 정신의 노화 속에서도 죽음을 삶의 일부로 껴안으려는 시인의 상상적 기투(企投)가 있다.

  죽음 다음에 마이너스의 세상이 있다면 우리가 태어나기 이전의 세상도 마이너스다. 그대는 죽음의 세계로 갔지만 생각해보면 그것은 우리가 태어나기 이전의 시간, 만나기 이전의 공간이기도 하다. "우리 처음 만나기 전 그대"라는 시어는 단순한 연가(戀歌)의 맥락이 아니라 존재에 대한 성찰로 우리를 이끈다. 그것은 우리의 현상적 육체가 태어나기 이전의 시공, 존재의 근원을 암시하는 듯하다. 그렇다면 생이란 어떤 시원(始原)의 자리에서 태어나 십리포, 백리포, 천리포, 만리포로 확대되어오다가 다시 역순으로 귀환하여 영포를 거쳐 시원의 자리로 돌아간다는 순환론적 우주관을 떠올리게 된다. 그대는 영포를 거쳐 마이너스의 세계로 가고 나 또한 언젠가 그곳에 가 그대를 다시 만난다면 그 생각은 상상만으로도 황홀하다.

그런데 그 특별한 시공에 이르는 경로는 뜻밖에도 평범하고 친근하다. 해송들 사이를 거쳐 노을이 물드는 서녘 바다로 걸어나가 밀물 드는 개펄에서 "낯선 게들과 놀며" "우리 처음 만나기 전 그대를" 만난다고 했다. 절대적 시원의 자리가 일상의 작은 일들과 멀리 떨어진 것이 아님을 알리고자 한 것일까. 이러한 생각에 의한다면 그대가 한 발 앞서 갔다는 사실이 그렇게 비감하지도 않고 내가 조금 늦게 그대를 다시 만난다는 것도 그리 아쉬울 것이 없다. 삶과 죽음의 경계는 상상의 구성 속에서 희미하게 지워지고 마는 것이다.

다음 시편은 그가 죽음을 어떻게 대하며 상황에 따라 삶과 죽음의 경계를 지우는 방식이 어떻게 달라지는지를 다른 맥락에서 보여주고 있다.

사진은 계속 웃고 있더구나, 이 드러낸 채.
그동안 지탱해준 내장 더 애먹이지 말고
예순 몇 해 같이 살아준 몸의 진 더 빼지 말고
슬쩍 내뺐구나! 생각을 이 한 곳으로 몰며
아들 또래들이 정신없이 고스톱 치며 살아 있는 방을 건너
빈소를 나왔다.
이팝나무가 문등(門燈)을 뒤로하고 앞을 막았다
온 가지에 참을 수 없을 만큼
참을 수 없을 만큼 하얀 밥풀을 가득 달고.
'이것 더 먹고 가라!'
이거였니,
감각들이 온몸에서 썰물처럼 빠질 때
네 마지막으로 느끼고 본 게, 참을 수 없을 만큼?
동체(胴體) 부듯 욕정이 치밀었다.

나무 앞에서 멈칫하는 사이
너는 환한 어둑발 속으로 뛰어들었다.
―「참을 수 없을 만큼」 전문

  이 시는 끝부분에 한 연이 구분되어 있지만, 의미의 단락으로 보면, 앞부분은 마침표의 위치에 따라 네 단락으로 구분이 가능하다. 첫 단락은 영정의 모습을 나타낸 것이고, 둘째 단락은 고인의 죽음을 화자 나름대로 정리한

대목이며, 세 번째 단락은 이팝나무가 하얀 꽃을 가득 피우고 있는 모습을 본 장면이며, 네 번째 단락은 죽음의 순간 역설적으로 생의 절정에 대한 환각이 떠올랐으리라는 시인의 상상이다. 이 네 대목은 우연히 전개된 상황처럼 보이지만 사실은 시인의 상상적 기획에 의해 긴밀한 결속력으로 연결되어 있다.

친구는 세상의 끝을 통과하여 '영포'의 세계로 갔으나 영정 모습은 전과 다름없이 환하게 이를 드러낸 채 웃고 있다. "계속 웃고" 있는 사진의 정지된 모습은 시간의 단절을 알려주면서도 한편으로는 그 단절이 단절이 아니라 경계의 금을 지우고 영원히 지속되는 시간의 흐름일 수도 있다는 사실을 암시한다. 죽음과는 아무 관련이 없다는 듯 고스톱 치고 있는 젊은 문상객들 역시 시간의 단절을 지우는 데 일조한다. 60이 넘어 노년의 나이에 몸을 지탱한다는 것은 결국 내장을 애먹이고 몸의 진을 빼가는 것이 아닌가. 친구는 그것이 진력나 슬쩍 몸을 빼돌린 것이라고 스스로 위안하며 빈소를 나왔을 때 커다란 이팝나무가 앞을 가로막는다.

이팝나무는 6월경에 하얀 꽃이 무더기로 피어나 나무 전체를 뒤덮는다. 이팝이란 쌀밥을 뜻하는 말로 예전에는 이팝나무의 꽃 모양을 보고 풍년과 흉년을 점쳤다고도 한다. 그야말로 참을 수 없을 만큼 하얀 꽃을 가득 담고 이팝나무가 자신의 몸을 드러냈을 때 죽음의 풍경과는 너무

나 이질적인 이 장면을 보고 시인은 친구가 세상 뜨기 직전에 떠올린 것이 무엇일까를 상상해본다. "감각들이 온몸에서 썰물처럼 빠질 때/네 마지막으로 느끼고 본 게" 바로 이것이 아닐까. 그래서 친구는 자신의 장례식에서도 이것을 보여주는 것이 아닐까. "이것 더 먹고 가라"는, 그 득한 쌀밥과 관련된 꽃 모양에서 시인이 떠올린 말이고, 사실은 그 화려한 개화의 절정을, 생명 욕구의 극점을 암시하고자 한 것이다. 그 암시의 맥락은 뜻밖에도 "동체(胴體) 부듯 욕정이 치밀었다"라는 새로운 상황으로 이어진다.

세상의 끝에 이를 때 모든 것이 빠져나가고 생명의 마지막 진액과도 이별한다고 우리는 생각한다. 그러나 그 탈각의 순간 오히려 참을 수 없는 생의 절정이 느껴질 수도 있는 것 아닌가. 생의 종점에 해당하는 그 '영포'에서 다시 시원의 생을 향한 새로운 욕정이! 마이너스 포로 가기 위한 또 하나의 참을 수 없을 만큼의 동력이. 이팝나무의 꽃 모양을 보며 참을 수 없을 만큼 솟아오르는 생의 동력을 상상하자 화자 자신도 부듯한 욕정이 솟구친 것이다. 이팝나무를 매개로 하여 죽음의 허망함이 생의 동력과 욕망으로 전환되는 싱싱한 상상적 체험을 하게 되자 여기서 삶과 죽음의 경계가 순간적으로 무화된다.

바로 이 지점에서 시인에게 또 하나의 환각이 찾아온다. "나무 앞에서 멈칫하는 사이/너는 환한 어둑발 속으로 뛰어들었다"고 시인은 적었다. "환한 어둑발"은 사실의 맥락에서는 이팝나무 꽃이 환하게 피어 있는 어둠 속이라는 의미로 이해된다. 그러나 또 한편으로 이것은 삶과 죽음이 교차하는 순간의 이중적 아이러니를 상징한다. 죽음은 어두우면서도 환한 어떤 것이고 삶 또한 그와 다르지 않을 것이다. 잠깐 멈칫하는 사이 환한 어둑발 이쪽에서 저쪽으로 발을 옮기는 것이 죽음이다. 무엇에 밀려서 어쩔 수 없이 가는 것이 아니라 스스로 뛰어들어 사라지는 것이 죽음이다.

  삶과 죽음의 관계를 이렇게 보기에 죽음에 관한 명상에는 두려움이나 죄의식이 없다. 죽음은 오히려 "환하게 저리고 눈부시게 시린" 어떤 것으로 수용된다. 간혹 숨이 막히고 실핏줄이 캄캄해지는 힘겨운 순간에도 "그럼 어때!"라고 담담히 내뱉으며 "이게 바로 삶의 맛이 아니었던가?"(「그럼 어때!」) 하고 되뇐다. 이러한 여유와 달관의 뒤안길에서 그가 행하는 명상의 시간은 행복하다. 지금까지 조밀하게 엮어왔던 세상사의 관계들이 헐거워지면 그는 손 털고 우주 뒤편으로 갈 것이라 말한다. 우주 뒤편, 영포를 넘어선 마이너스 포의 세상은 다음과 같이 아늑하고 감미로운 영상으로 떠오른다.

    우주 뒤편은
    어린 날 숨곤 하던 장독대일 것이다.

노란 꽃다지 땅바닥을 기어
숨은 곳까지 따라오던 공간일 것이다.
노곤한 봄날 술래잡기하다가
따라오지 말라고 꽃다지에게 손짓하며 졸다
문득 깨어 대체 예가 어디지? 두리번거릴 때
금칠(金漆)로 빛나는 세상에 아이들이 모이는
그런 시간일 것이다.   ―「손 털기 전」부분

3. 보통 법신의 마음 주고받음

『우연에 기댈 때도 있었다』에서 시도된 예수/불타 시편은 이번 시집에도 확대·심화되어 독특한 시세계를 형성하면서 2부에 자리 잡고 있다. 이 시편에 깔린 기본 정신을 간단히 요약하면, 예수와 불타는 대중들에게 제시한 방법이 달랐을 뿐 그들이 인도하고자 했던 궁극적인 지점은 같다는 것이다. 이 점은 『우연에 기댈 때도 있었다』에 해설을 쓴 오생근 교수도 "예수와 불타의 가르침 중에서 어느 한 편에 기울어 다른 쪽의 논리를 거부하기보다 그것들 사이의 공통점을 발견하고 그것을 자신의 깨달음으로 연결짓는 태도"에 해당한다고 지적하였다.

이러한 생각이 그대로 이어지면서도 이번 시집에서 전작의 경우와 구별되는 것은 선문답적 관념성이 많이 희석

되면서 그야말로 성과 속의 구분이 없는 친근한 마음의 주고받음이 마음의 결 그대로 감촉된다는 점이다. 거룩한 성자인 예수나 불타가 아니라 이 세상을 살아가는 평범한 사람들의 자연스러운 어조와 친근한 사유가 펼쳐진다. 이것은 그의 시에서 새롭게 명명한 "보통 법신"의 어법이다. "보통법신"이란 "홀로움"이나 "영포"처럼 시인이 자신의 내적 사유에 의해 새로 만들어낸 말이다.

'그대의 산상 수훈(山上垂訓)과 청정 법신이 무엇이 다른가?'
나무들이 수척해져가는 비로전 앞에서 불타가 묻자
예수가 미소를 띠며 답했다.
'나의 답은 이렇네.
마음이 가난한 자와 청정 법신이 무엇이 다르지 않은가?'
비로자나불이 빙긋 웃고 있는 절집 옆 약수대에
노랑나비 하나가 몇 번 앉으려다 앉으려다 말고 날아갔다.
불타는 혼잣말인 듯 말했다.
'청정 법신보다
며칠 전 혼자 나에게 와서 뭔가 빌려다
빌려다 한마디 못하고 간 보통 법신 하나가
더 눈에 밟히네.'
무엇인가 물으려다 말고 예수는 혼잣말을 했다.
'저 바다 속 캄캄한 어둠 속에 사는 심해어들은

저마다 자기 불빛을 가지고 있지.'

어디선가 노란 낙엽 한 장이 날아와 공중에서 잠시 떠돌다 한없이 가라앉았다.　　―「보통 법신(普通法身)」전문

　이 시를 이해하면, 황동규 시인이 시집 서문에서 언급한, '『유마경』의 세계를 읽을 수 있는 마음의 상태를 엮어냈다'는 말이 무엇인지, 자아를 긍정하는 타인이란 무엇인지, 『유마경』의 대승적 보살 정신을 사랑으로 이해하는 근거가 무엇인지를 자연스럽게 터득하게 된다. 그러니까 이 시는 지금까지 써온 예수/불타 시를 다시 새롭게 이해하고 올바로 수용하게 하는 전환적 촉매의 역할을 한다.
　청정 법신이란 모든 번뇌에서 벗어나 부처의 맑은 성품이 그대로 드러난 깨달음의 상태를 뜻한다. 이것은 불교에서 추구하는 궁극의 경지이니 기독교에서 추구하는 최상의 경지와 통하지 않겠느냐는 문답이 불타와 예수 사이에 전개되었다. 이러한 마음의 주고받음 끝에 불타가 혼잣말처럼 중얼거린 내용은 유마의 사랑의 정신과 통한다. 유마가 몸져누운 것은 중생이 병을 앓고 있기 때문이며 일체중생이 병에서 다 나아야 비로소 자신도 병석에서 일어날 수 있는 것이다. 이러한 유마의 마음에서 보자면, 번뇌에서 벗어난 청정 법신보다는 "혼자 나에게 와서 뭔가 빌려다/빌려다 한마디 못하고 간 보통 법신" 즉 아직 번뇌에서 벗어나지 못해 안타까워하는 평범한 사람이 더 눈에

밝히는 법이다. 보통 사람에 대한 사랑이 어떤 절대의 성취보다 앞서야 하는 것 아니냐고 불타는 은근히 암시한 것이다. 이 불타의 혼잣말에 응대하는 예수의 혼잣말은 모든 중생에게 불성이 있다는(悉有佛性) 불교의 가르침을 연상케 한다. 불타가 80세로 입적할 때 마지막으로 제자들에게 남긴 말이 자등명(自燈明) 법등명(法燈明)이었다. 스스로를 등불로 삼고 진리를 등불로 삼으라는 뜻이다. 이것은 사람들 저마다의 마음에 이미 자기 불빛을 가지고 있다는 것을 전제로 한 말이다. 저마다 자기 불빛을 지니고 있다는 점에서 보면 청정 법신과 보통 법신의 차이도 종이 한 장 차이일지 모른다. 황동규 시인은 추상적 단계인 '인간'의 자리에서 피와 살이 도는 '사람'의 자리로 내려와, 보통 법신에 대한 사랑을 예수와 불타의 문답을 통해 펼쳐 내고자 한 것이다.

 보통 법신을 마음에 두고 오가는 대화는 관념의 차가움에서 벗어나 있다. 따뜻한 피가 돌고 사람의 정감이 번져 나오는 인간 중심적 대화의 맛을 느끼게 한다. 여기에는 마음의 여유에서 우러나는 유머 감각 sense of humor과 사람에 대한 신뢰와 애정이 담겨 있다. 「요한 계시록」에서 세상을 불로 지진다는 최후의 심판 내용에 대해 불타가 조심스럽게 의문을 제기하자, 예수는 세상 모든 것이 변화한다는 불교의 관점을 수용하는 태도를 취하면서, 혼잣말처럼 "사람을 어떻게 지지겠나?"라고 대꾸한다. 참으로 미묘한 이 말은 보통 법신 하나하나를 살아 있는 생명체로 대하며 그들의 가치를 소중히 여기는 대승적 사랑의 정신을 연상케 한다. 율법론적 관점에 의하면 하나님의 뜻을 따르지 않는 자는 마땅히 불의 심판을 받아야 할 것이다. 그러나 이 시 속의 예수는 "사람을 어떻게 지지겠나?"라고 반문하고 있다. 생선이나 고기 지지듯 사람을 지질 수는 없는 노릇 아닌가?

「고통일까 환희일까?」에서는 멜 깁슨이 제작 감독한 예수 수난 영화를 거론하며, 불타가 예수에게 고통과 환희에 대해 얘기하자, 예수는 그야말로 선문답 같은 질문을 던진다. "이른 봄 복수초가 막 깨어나/눈 속에 첫 꽃잎 비벼 넣을 때/그건 고통일까 환희일까?" 이 질문은 죽음으로 가는 예수의 수난이 고통이나 환희라는 세속의 개념을 이미 떠난 것임을 암시한다. 그런데 시의 문맥은, 이 질문에 대한 개념적 설명을 차단하고, 다음과 같은 엉뚱하면서도 유머러스하고 그러면서도 인간 경험에 비추어 수긍할 만한 답변을 제시하는 것으로 끝난다. 그 대답은 "막 시리겠지" 이 한 마디이다. 그렇다. 눈 속에 꽃잎이 피어난다면 얼마나 시리겠는가? 이 말에도 보통 법신에 대한 연민과 사랑의 마음이 담겨 있다. 「미운 오리 새끼」의 종결부 역시 정겨운 유머 감각이 환하게 꽃 피어난다. 산과 꽃을 중심으로 깨달음에 대해 대화를 나누던 불타가 "아예 하찮은 풀로 치부하고 살다가/어느 일순 환희 꽃 피우는 자는?" 어떠하냐고 예수에게 묻자, 예수는 짧게 "겁나겠지!"라고 대답한다. 자기를 드러내지 않고 제목의 뜻대로 '미운 오리 새끼'처럼 지내다가 어느 날 환한 깨달음의 세계를 보여준다면 그야말로 겁나는 상대임에 틀림없으리라.

이러한 마음의 주고받음은 이미 종교의 차원도 아니고 철학의 차원도 아니다. 이것은 일상을 살아가는 갑남을녀, 보통 법신의 마음의 교류다. 그러면 이러한 보통 법신의 마음 주고받음이 지향하는 바는 무엇인가? 그 질문에 대한 단서는 「인간의 빛」「벼랑에서」 등의 시편에서 찾을 수 있다. 「인간의 빛」은 인상파 전람회에 참석한 예수와 불타의 대화다. 이미 「보통 법신」에서 캄캄한 어둠 속 심해어들도 다 자기 불빛을 가지고 있다는 것은 들은 바 있다. 모든 사물이 지닌 저마다의 빛은 인간의 안구에 포착되고 그것은 다시 화가의 손끝에 의해 캔버스에 재현된다. "물감만 가지면 사람들은 세상을 빛으로 채울 수 있군"이라고 생각하며 "예수는 마음을 뎁혔다"고 했다. 사람들이 창조한 아름다움의 세계에 공감하며 그들에 대한 신뢰와 애정을 확인하는 대목이다. 「벼랑에서」에서는 "유다 속에서 베드로를 보라고 하고 있군!"이라는 말로 사람에 대한 신뢰를 표현한다. 기독교적 관점에서는 대단한 거부감을 불러일으킬 만한 이 말은 돌풍의 파장을 내장하고 있다. '외로운 인간'이라는 예수의 마지막 성찰에 대해 불타는 두 손바닥을 마주 대는 합장의 의례로 공감을 표시한다. 요컨대 이러한 대화와 행동은 보통 사람에 대한 사랑으로 그 초점이 귀착된다. 이것은 '자아를 긍정하는 타인'을 받아들일 때 우러나오는 사랑이며, '타인을 긍정해서 자아를 비울' 때 형성되는 사랑이다. 보통 법신의 마음으로 세상 모든 것을 차별 없이 포용할 때 이룩되는 사랑이다. 일견 선문답의 패러디처럼 보이기도 하는 이 예수/불타 시편은 대승적 '사랑의 발견'이라는 중요한 의미를 담고 있는 창조적 기획물이다. 그리고 그것은 그의 다른 시편의 흐름과 자연스럽게 만난다.

4. 사랑의 혼불

황동규는 지금까지 많은 사랑 시편을 써왔다. 그 사랑은 비단 남녀 간의 이성적인 사랑만 뜻하는 것이 아니다. 그의 사랑 노래는 갑남을녀의 사랑에서부터 인간이 갖게 되는 사물과 세계에 대한 보편적인 사랑까지 모두 포함한다. 이것은 문학의 일반적인 주제이기도 하지만, 황동규의 시에서 그것은 좀 더 개성적이고 독특한 질감으로 표현되어왔고, 이번 시집에서 그의 인간 이해는 더 깊어졌다. 이번 시집에서 특징적인 것은, 나와 타인을 구분하지 않는 사랑이 출현했다는 점이다.

「향(香)」에서 시인은 어느 수련장 현관 앞에 서 있는 향나무를 본다. 그 나무는 "선들바람 속에 짙은 초록으로 불타고 있다." 불의 형상에서 백제 금동 향로 모습을 떠올리고 그 향로를 만든 장인이 향나무 속으로 들어간 것은 아닐까 생각해본다. 이렇게 사람과 향나무의 유관성이 연상되자 그것은 운동장에서 공놀이 하며 넘어졌다 다시 손 털고 일어서는 아이들이 곧 "살아 불타고 있는 향로"가 아닌가 하는 생각으로 이어진다. 사람이 곧 향나무요 향로인 것이다. 금동 향로를 만든 장인도 향이고 뛰어노는 천진한 아이들도 향이다. 그리고 그것을 관찰하고 생각하는 시인도 곧 타오르는 향이다. "이 세상에 태울 향 아닌 게 무엇이 있나?"라는 물음은 자아와 타인을 구분하지 않고 모든 사람을 평등하게 대하려는 사랑의 표현이다.

그의 인간에 대한 관조와 사색은 시집 전편에 이어진다. 「슈베르트를 깨뜨리다」에서 인간이란 무어라 규정할 수 없지만 "간신히 깨지지 않고 존재하는 어떤 것" "홀린 듯 물기 맺힌 눈"으로 간신히 응시할 수 있는 어떤 미묘하고 나약한 것이 인간 존재라고 말한다. 때로는 양란과 동양란의 꽃 피우는 생리에서 인간의 존재 방식을 명상하기도 하고(「철골은, 관음은?」), 정년퇴직을 앞두고 서가를 정리하다 거울에 비친 자신의 모습에서 인간의 심연을 들여다보기도 한다(「먼지 칸타타」). 때로는 여행길의 사찰에서 우연히 만난 한 스님과의 인연에서 환한 마음의 교감과 인간적 신뢰의 의미를 되새겨본다(「죽로차」). 비단 사람만이 아니라 길가에 놓인 작은 돌 하나에도 연민과 애정의 시선이 다가간다.

> 투명해진다. 하늘이 탁 트이고 딱지 앉았던 벌레 구멍 터지고
> 남은 살 자잘히 바스러지고 잎맥만 선명히 남은 이파리
> 늦가을 바람을 그대로 관통시킨다.
> 비로소 앞뒤 바람 가리지 않게 되었다.
>
> 산책길에 언제부터인가 팽개쳐 있는 돌
> 문득 눈에 밟혀 길섶 잇몸에 박아준다.
>
> 덮을 풀 한 포기 마른 나뭇잎 한 장 없이
> 한데 잠든 돌 꿈을 꾼 아침
> 혹시 딴 데로 옮겨줄까 다가가니
> 그는 하얀 서리를 입고 앉아 있었다.
> 괜찮다고,
> 하루 한 차례 볕도 든다고, 이처럼
> 마음 한가운데가 밑도 끝도 없이 내려앉는 절기엔
> 화사한 옷도 마다하지 않는다고,
> 앞의 햇볕 가리지 말아달라고.*

* 그 돌이 디오게네스를 기억하고 있었던가?

— 「그 돌」 전문

　계절은 가을. 풍광은 투명해지고 잎맥만 남은 이파리는 앞뒤의 바람 가리지 않고 그대로 통과시키는 평정의 상태에 이르렀다. 그야말로 "타인을 긍정해서 자아를 비우는" 경지이다. 계절의 투명함에 의지해서인지 시인의 마음도 너그러워져 산책길의 모든 것이 정겹게 보인다. 길가에 팽개쳐져 있는 돌이 눈에 밟혀 길섶에 심어준다. 미미하기 그지없는 돌에 대한 연민은 「보통 법신」에 나왔던 "뭔가 빌려다/빌려다 한마디 못하고 간 보통 법신"에 대한 연민과 통한다. 며칠 후 그 돌이 한데서 잠들 것이 또 눈에 밟혀 나가보았더니 "그는 하얀 서리를 입고 앉아 있었다". 우리는 이 구절의 '그'라는 지시어에 주목할 필요가 있다. 시인은 이미 돌을 하나의 인격으로 대하고 있는 것이다. 그 다음에 나오는 돌의 말이 흥미롭다. 이렇게 "마음 한가운데가 밑도 끝도 없이 내려앉는 절기엔/화사한 옷도 마다하지 않는다고" 그는 말한다. 화사한 옷이란 하얀 서리를 뜻할 터인데, 냉기에 의해 형성된 서리를 화사한 옷이라고 말하는 여유가 흥미롭다. 특히 앞의 햇볕 가리지 말아달라는 돌의 말에 디오게네스의 일화를 연결시킨 것은 시인의 여유 있는 유머 감각을 잘 드러낸다. 이 유머는 돌에 대한 존재론적 존중, 보통 법신에 대한 차별 없는 사랑의 정신에서 나온 것이다.

　사랑의 정신이 구체적 상황을 통해 집약적으로 구현된 작품은 장시「이스탄불 그랜드 바자르에서」이다. 시인의 야심적 기획물임에 틀림없는 이 작품은 다섯 개의 장면으로 구성되어 있다. 첫 장면은 터키 여행에서 돌아온 후 세마 춤의 영상이 떠올라 거기 사로잡혀 지낸 사실을 이야기했다. 두 번째 장면은 "살아서 돌지 않는 것이란 없다"는 시행을 축으로 생명이 있는 것은 끊임없이 움직이고 회전하며 춤춘다는 사실을 여러 가지 사례를 예거하여 표현하였다. 세 번째 장면은 이와 반대로 "도는 일 멈추면 그만 유적(遺跡)이 된다"는 의미가 주축이 되어 정적의 상태로 주저앉은 유적의 풍경과 여전히 생명의 가치를 지니고 움직이는 자연의 풍광을 대비하여 보여주었다. 네 번째 장면은 시상의 전환이 일어나는 단락인데, 여기에는 다리를 절며 미소 지으며 사진첩을 파는 터키 사내가 등장한다. 우리의 통념상 물건을 팔 때는 일부러 다리를 전다고 생각했던 것인데, 여행객들과 떨어져 돌아갈 때 더 심하게 다리를 저는 것을 보고 시인은 충격을 받는다. 그 대목은 다음과 같다.

　　안 보이다 갑자기 나타나 '원 달러! 원 달러!' 외치며
　　안 팔리는 사진첩 내미는, 다리 절며 미소짓는,
　　저 터키 사내의 눈에 얼비치는 혼불을 만들 수 있을 것인

가?
　우리 일행을 따라오다 돌아설 때
　앞서보다 더 심하게 다리를 절며 웃음 잃지 않는
　저 돌 꽃!

　시인은 그 사내를 "돌 꽃"이라고 명명한다. 이 말은 3장에 나오는 "돌 옷"이라는 시어와 대립된다. 돌 옷은 대리석 조형물에 낀 이끼를 비유한 것으로 생명의 춤을 중지하고 유적으로 주저앉는 정체의 상황을 표상한다. 4장에서는 문명을 지상에 번지는 버짐 같고 돌 옷 같은 것이라 비유하였다. 정지된 유적의 표상인 "돌 옷"에 대비되어 생명의 활기와 인간적 순연함이 얼비치는 상태를 "돌 꽃"이라 명명한 것이다. 인간에 대한 신뢰를 기반으로 내면을 통찰할 때 마음의 혼불이 발견되며 마음의 혼불을 내포한 생명의 표상을 돌 꽃이라 규정하였다.
　마지막 장면은 이러한 인식을 종합하여 모든 것이 살아 움직이는 생명의 고양된 역동성을 보여주면서 시인 자신도 황홀한 춤의 한가운데로 빠져들어간다. 세마 춤을 추는 신도들도 나의 분신이며 세마 춤 판화를 파는 청년도 나의 분신이다. 그들은 나의 분신이자 "자아를 긍정하는 타인"이기도 하다. 현실의 맥락에서는 그들과 내가 구분되어 있지만 이 세상을 같이 춤추며 도는 돌 꽃이라는 점에서는 그들과 내가 통한다. "내가 나를 놀래켰다"라는 마지막 시행은 그런 맥락에서 이해할 수 있다. 인간 세상에 대한 시인의 염원은 다음과 같이 선명한 어조로 제시되어 있다.

　사람과 기도와 춤이 어울려 하나가 된다.
　인간의 바램이 복 비는 신전 제단이 되지 않고
　폐허에 던져져도 미소짓는 혼불의 바램이 될 수 있다면,
　그 바램이 일어서서 첫발 내디딘다면!

　사람과 기도와 춤이 어울려 하나가 되는 세상. 물건을 파는 사람이나 사는 사람이나 모두 어울려 춤으로 하나가 되는 세상. 찬란했던 문명도 시간이 지나면 폐허의 유적으로 남으나 그 속에 깃들어 있는 인간의 혼불, 즉 사랑의 온기는 돌 꽃으로 피어난다. 동양과 서양을 가리지 않고 나와 너를 가리지 않을 때 신명나는 춤의 무대가 탄생한다. 그 황홀한 춤사위는 타오르는 불꽃 형상으로 피어난다.
　우리는 여기서 황동규 시 변화의 중요한 양상을 포착하게 된다. 지금까지 황동규의 시는 주로 물의 이미지를 많이 구사해왔다. 지난번 시집 『우연에 기댈 때도 있었다』에도 사색의 흐름을 보이는 시편은, 바다나 강 같은 물의 이미지나 출렁이고 흔들리고 젖어들고 가라앉는 액체적 형상을 나타내는 시어를 활용하였다. 여기에 비해 이번

시집은 '타오르는 불꽃'의 형상이 많이 나타난다. 1부와 3부의 시 중 불의 이미지가 나오는 시편을 추려보면, 「참을 수 없을 만큼」「향(香)」「먼지 칸타타」「사라지는 마을」「사방의 굴레」「가을 아침」「바다 앞의 발」「마지막 가난」「외로움/홀로움」「봄비」「손 털기 전」 등이다. 이것은 그 전의 경향에 비해 뚜렷이 구별되는 변화이다.

"돌 꽃"과 "혼불"의 형상으로 요약되는 "타오르는 불꽃"의 이미지는 삶과 죽음의 경계를 무화시키고 보통 사람의 마음이 오가는 길을 열어주며 인간에 대한 신뢰와 사랑의 표상을 강화하는 역할을 한다. 그것은 고통과 환희라는 상대적 의미를 넘어선 진정한 사랑의 의미이며 자아와 타인의 경계만이 아니라 죽음과 삶의 경계까지도 지우는 매우 독특한 임무를 수행한다. 그런 의미에서 이번 시편은 『풍장』의 죽음 다스리는 방법을 다시 한번 새로운 차원으로 승화시켜 갱신의 지평을 연다는 의미를 담고 있다.

황동규의 시가 몇 차례 변화의 고비를 넘겼다는 것은 다 알고 있는 사실이다. 과연 이 열세 번째 시집이 이전 단계의 종결부가 될지, 새로운 단계를 여는 서장이 될지 사람들은 궁금해한다. 여기까지 나의 독해에 의하면, 그는 분명 신세계를 향한 새로운 항해를 시작한 것이다. 그 출항의 형세는 시인 자신의 개인적 변화만이 아니라 한국 시의 새로운 지평을 개진한다는 의미도 내포하고 있다. 앞으로 그의 항적을 추적하는 순례자들에 의해 또 다른 황동규론

이 씌어질 터인데, 나는 그 항로의 첫 별빛을 알리는 발신자의 역할을 한 것이다.